aß Dich entführen
n die griechische
elt – zum

Träumen und
Sinnieren

Dein Wäblein

Zum 24.6.93

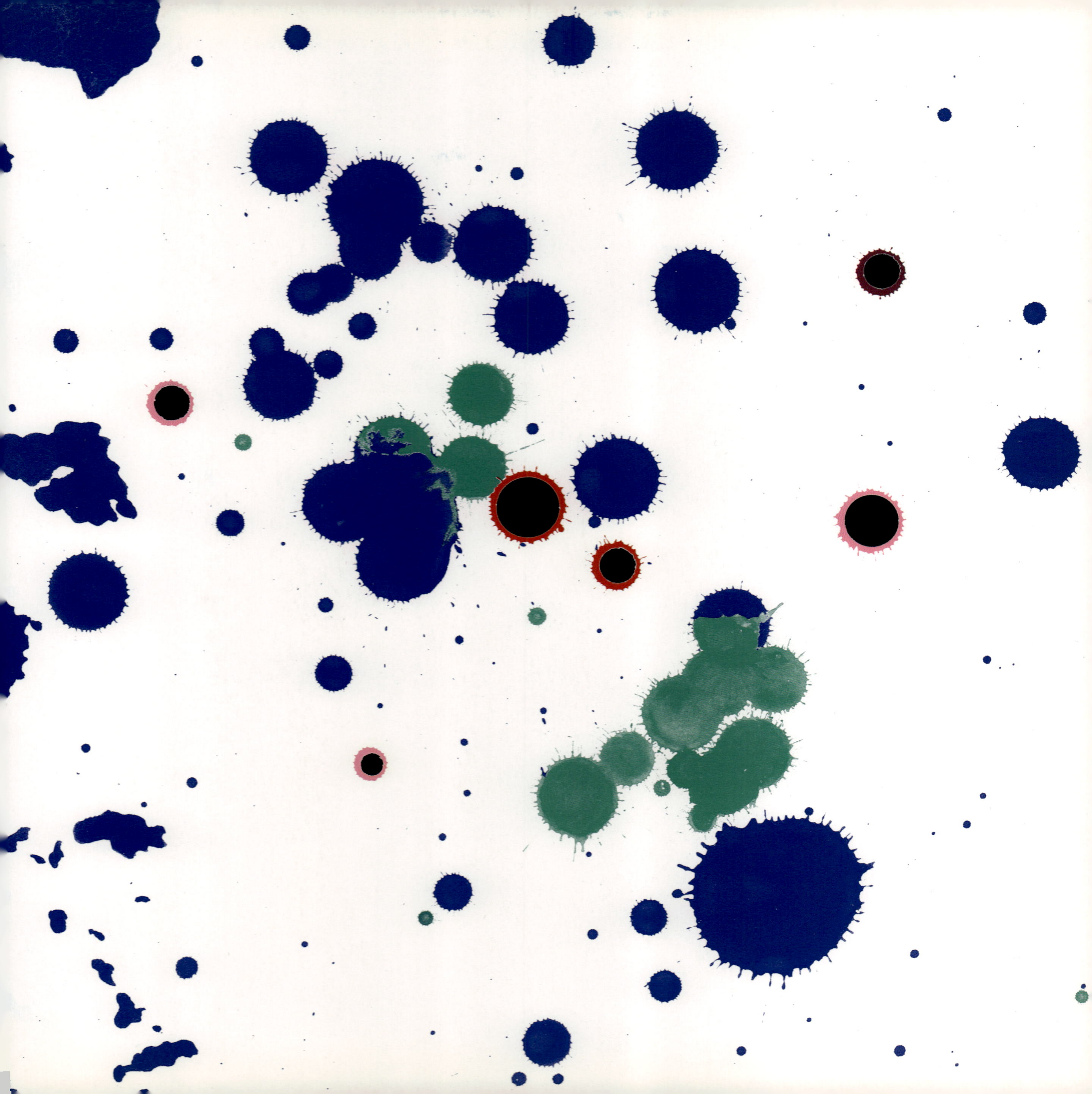

Wohnkultur und Lebensstil in Griechenland

SUZANNE SLESIN, STAFFORD CLIFF
& DANIEL ROZENSZTROCH

FOTOGRAFIEN VON GILLES DE CHABANEIX

KÜNSTLERISCHE GESTALTUNG: STAFFORD CLIFF
Künstlerische Beratung: Ian Hammond

DuMont Buchverlag Köln

JAKE UND LUCIE STEINBERG

HEATHER UND NEVILLE CLIFF

MARIE-JEANNE, JEAN-LOUIS
UND MARIANNE MÉNARD

ANNE, JEAN-MARIE
UND LUCAS DE CHABANEIX

GEWIDMET

CIP-Titelaufnahme der
Deutschen Bibliothek

Wohnkultur und Lebensstil in Griechenland / Suzanne Slesin . . .
Fotogr. von Gilles de Chabaneix.
Mit einer Einf. von Harry Mark Petrakis.
[Aus d. Amerikan. von Beate Felten].
– Köln : DuMont, 1991
Einheitssacht.: Greek Style ‹dt.›
ISBN 3-7701-2681-5
NE: Slesin, Suzanne; Chabaneix, Gilles de;
EST

Titel der amerikanischen Originalausgabe:
Greek Style, Clarkson N. Potter, Inc.,
New York

Aus dem Amerikanischen von Beate Felten
Satz der deutschen Ausgabe:
Fotosatz Froitzheim, Bonn

Printed in Japan
ISBN 3-7701-2681-5

DANKSAGUNG

Besonders danken möchten wir Jorgos Zaphiriou, unserem enthusiastischen, tüchtigen, warmherzigen Freund und Fremdenführer, sowie Manolis Pantelidakis und Malin Alberg; Jannis Averof; Marcienne Belœuvre; Marie-Claude Berard; Pierre Bodin; Olga und Stefanos Bulgaris; Andy Bylo; Cathérine, Martin und Simon de Chabaneix; Beatrice und Simeon Colin; Bacha und Maris Embirikos; Jannis Frangakis; Takis Frangoulis; Konstantin Frontzos; Nicholas Gage; Jannis Galatis; Dolly Goulandris; Myriam und Pascal Herold; Danae Karakosta; Marylin Karp; Katy und Pavlo Kremezis; Madeleine de Lamotte; Maro und Jannis Lajia-Zeppos; Mercedes und Nick Malliotis; Yves Marbrier; Françoise und Jean-Marie Merillon; Eva Metzell; Clotilde Millies; Jean Moreau; Paola Navone; Andrew Pettit; Michel und Melpo Photiadis; Yo Remy Jensen; Lazare Rozensztroch; Cathérine, Marcel und Muriel Sabaton; Jonathan Scott; Marietta Sgourdaiou; François und Josette Sommaripas; Manos Sommaripas; Michael Steinberg; Vassilis Tseghis; Doda und Felix Voridis; Michael Ward; Maurice White; Catherine Willis; Françoise Winter; Dyllia Zannettos und Damianos Zarifis.

Außerdem danken wir Harry Mark Petrakis, Panos Foskolos und Laura Tagliavini; dem Laboratoire Dupon; Ian Hammond und Liz Gibbons. Herzlich gedankt sei an dieser Stelle schließlich auch unserer Agentin Lucy Kroll und ihrer Kollegin Barbara Hogenson sowie Nancy Novogrod und Lauren Shakely, unseren Lektorinnen bei Clarkson N. Potter. Bedanken möchten wir uns auch für die freundliche Unterstützung von Alan Mirken und Bruce Harris von Crown Publishers; Carol Southern, unserer Verlegerin bei Clarkson N. Potter, sowie Jonathan Fox, Maria Bottino und Teresa Nicholas.

Suzanne Slesin, New York;
Stafford Cliff, London;
Daniel Rozensztroch, Paris;
Gilles de Chabaneix, Paris.
Februar 1988

INHALT

VORWORT IX

EINFÜHRUNG 1

DAS LAND 4

LEBEN IN GRIECHENLAND 16

BAUSTILE 26

FAMILIENWOHNSITZE 70

VOLKSTÜMLICHE HÄUSER 144

SOMMERHÄUSER 194

GRIECHISCHES LEXIKON 289

REGISTER 298

VORWORT

Vor mehr als zwanzig Jahren entdeckte ich meine Liebe zu Griechenland, und diese Gefühle für das Land und seine Bewohner haben dieses Buch stark geprägt. Auch wenn Griechenland meinen Mitautoren bis dahin weniger vertraut war, haben sie doch versucht, meine Begeisterung und meinen Enthusiasmus zu teilen und an unsere Leser weiterzugeben.

Alles beginnt mit einer Schiffsfahrkarte dritter Klasse von Marseille nach Piräus, dem großzügigen Geschenk meines älteren Bruders für meine mit Müh und Not bestandene Abschlußprüfung. Die Ära der Charter-Jets hat noch nicht begonnen, die Reise dauert drei lange Tage, einen Zwischenaufenthalt in Neapel und der Besuch von Pompeji inbegriffen. Dann der Kanal von Korinth, ein enger Tunnel, zwischen steilen Sandsteinwänden, ehe sich dann ein Blick auf das Ägäische Meer eröffnet. Im geschäftigen Hafen von Piräus, längst weltbekannt durch den Film »Sonntags nie«, gehe ich von Bord. Den Rucksack auf dem Rücken, den Kopf voller Mythen und Sagen, mache ich mich auf den Weg. Auf meinem Reiseplan stehen natürlich die berühmten archäologischen Stätten: die Akropolis, Delphi, Mykene und Epidaurus – die klassische Route für den Erforscher des griechischen Altertums. Doch von Anfang an werde ich abgelenkt – von dem unbeschreiblichen Licht, der Heiterkeit bestimmter Stätten und Orte und der freundlichen Unbeschwertheit der Menschen. Die Entdeckung eines Volkes: die Freude, der Beginn einer Liebe und das Bedürfnis, alles genauer kennenzulernen. Ich sehe alte Frauen, in schwarze Kleider gehüllt; raufende Kinder; Männer, die unablässig Gebetsperlen durch die Finger gleiten lassen; Jugendliche, die Rembetiko-Lieder singen. Ein erster Blick auf die Inseln, das grelle Weiß, die hübschen Dörfer, die Schlichtheit der Häuser: eine wahre Lektion in Architektur.

Ein Zimmer in einem Dorfhaus, im Schatten der Windmühlen schlägt das Meer gegen die dicken Mauern. Streifzüge durch winkelige Gassen und entlang der vielen Eselspfade, den Blick immer neugierig in das Innere der Häuser gerichtet. Eine blaue Tür, die einen Spaltbreit offensteht.
Weißgetünchte Wände, ein Boden aus Schieferplatten, ein farbenprächtiger »Kourelou« *auf einer Steinbank, ein riesiger Krug.*

Dieser Tag muß für mein weiteres Leben entscheidend gewesen sein, auch wenn ich es damals nicht erkannte. Viele Jahre später, als ich schließlich Innenarchitekt wurde, fühlte ich mich immer viel stärker zu Schlichtheit und Unverfälschtheit hingezogen als zu Luxus und Prunk. Daran hat sich bis heute nichts geändert. Seit zwanzig Jahren kehre ich fast jedes Jahr nach Griechenland zurück. Ich habe die Inseln des Dodekanes, die Inseln im Ionischen Meer und den Norden von Griechenland mit seinen Wäldern und Bergen entdeckt. Tiefe Freundschaften sind entstanden, denn wenn man ein Land liebt, liebt man auch seine Bewohner.

Oft denke ich an das kleine Haus auf Mykonos, in das ich als Jugendlicher mit soviel Enthusiasmus eingekehrt bin, damals, als sich mein Geschmack allmählich formte. Als Erwachsener suchte ich mir mein eigenes kleines weißes Haus und fand es auf einer der Kykladeninseln: in der traditionellen Art weiß gekälkt, überall auf dem Schieferboden »Koureloudes« verteilt. Ich zog mich in die Geborgenheit und Abgeschiedenheit zurück, in mein entlegenes, einsames Refugium, das aber gleichzeitig auch ein Ferienhaus war, das ich mit anderen teilte. Ein unkonventionelles, archaisches Leben. Die Möbel fand ich auf Athener Flohmärkten, unter großen Schwierigkeiten wurden sie mit dem Schiff zur Insel gebracht, Esel zogen sie die steilen Hügel zum Haus hinauf. Freunde sprangen ein und nutzten ihre Kochkünste, um aus der bescheidenen Auswahl der Lebensmittel in den Dorfläden das Beste zu machen. Der Wasservorrat war knapp, das Waschhaus im Dorf ersetzte während der trockenen Jahreszeit das private Bad. Doch Harmonie macht die Bedürfnisse vergessen, und das Bewußtsein, Zeit, viel Zeit zu haben, tritt an die Stelle der Hektik und Unrast. Welch unvorstellbarer Anblick für den abgestumpften Stadtmenschen, wenn der Bäcker jeden Tag seinen Backofen wieder von neuem mit Lehm abdichtet. Andere Leute mögen zivilisiertere und leichter zugängliche Orte oder die Hilfe eines modernen Dekorateurs bei der Einrichtung ihres Heims vorziehen, doch welcher Zauber liegt in der Erkenntnis, daß Schönheit und Harmonie sich nicht erlernen lassen – ausgenommen höchstens das überlieferte und intuitive Wissen eines ortsansässigen Maurers, dessen Geschick sogar einem Haus neues Leben verleihen kann, das fast schon zu einem bloßen Haufen alter Steine verfallen ist.

Die Häuser, die mich am tiefsten berühren, sind meist geprägt von der Zeit, der Erinnerung, dem täglichen Gebrauch und dem Leben selbst: Es sind alte Familienhäuser, die aus Geldmangel heruntergekommen sind; oder schlichte, bescheidene Behausungen von einfachen Menschen, die manchmal von ihren neuen Besitzern einem ganz anderen Lebensstil angepaßt werden. Für mich machen Bescheidenheit und Demut den wahren Reichtum aus, und manchmal erzeugen sie sogar wirkliche Eleganz.

Ein Land zu lieben heißt, seine Bewohner zu lieben, und dazu zählen auch deren Sitten, Gebräuche und Häuser. Dieses Buch ist keine historische Studie und auch keine traditionelle architektonische Abhandlung. Es zeigt einfach die Lieblingsroute eines Reisenden, der das Land liebt und immer wieder anhält, um einen Blick in das Innere der Häuser zu werfen und die Kultur und Identität eines Volkes zu erforschen; denn in ihren Häusern spiegelt sich das Leben der griechischen Menschen.

Daniel Rozensztroch

OBEN UND RECHTS: *In der Abenddämmerung ragt hoch hinter den Burgmauern über dem Dorf die Akropolis von Lindos auf, eines der imposantesten Bauwerke Griechenlands.*

ÜBERNÄCHSTE SEITE: *Die Kapelle des Taxiarches-Klosters auf Seriphos. Das Kloster ist von Mauern umgeben, die Fassade der Kapelle besteht aus gemeißeltem Marmor.*

EINFÜHRUNG

von Harry Mark Petrakis

Das wunderbare griechische Wort »Nostalgia«, dessen Bedeutung weit komplexer und ergreifender ist, als die Übersetzungen und Übertragungen in andere Sprachen dies erahnen lassen, prägte meine gesamte Kindheit. Ich wurde in Amerika geboren, als fünftes von sechs Kindern, doch meine vier älteren Geschwister kamen noch alle auf Kreta zur Welt. Meine Eltern haben die Lieder, Gedichte und Erinnerungen, die sie von dieser Insel mitgebracht hatten, an mich weitergegeben, so daß ich mir stets wie ein Verbannter vorkam. Ich lebte im »Exil«, und alles zog mich in das Land, in dem die Zypressen lange Schatten auf die Gräber meiner Vorfahren warfen.

Als ich zum erstenmal nach Griechenland reiste, war ich bereits 40 Jahre alt und befürchtete, der Himmel, den ich mir über diesem Land vorgestellt hatte, würde der Realität nicht standhalten. Doch dieser Besuch bestätigte alle meine positiven Erwartungen. Auf den sieben Reisen, die mich seitdem nach Griechenland führten, wurden meine ersten Eindrücke immer wieder bestätigt und verstärkt. Heute weiß ich, daß die belebende Wirkung Griechenlands nicht nur auf Menschen griechischer Abstammung beschränkt ist. Selbst Fremde, die dieses Land besuchen, verlassen es mit einem Gefühl tiefer Verbundenheit, fasziniert von einer Vision, die sowohl die Vergangenheit als auch die Gegenwart umfaßt, und mit einem tiefen Eindruck, der sich nur schwer in Worten beschreiben läßt.

Der erste bleibende Eindruck ist das Licht der Sonne, das von den Bergen und dem Meer mit einer derartigen Leuchtkraft zurückgeworfen wird, wie sie wohl nirgendwo sonst auf der Welt zu finden ist. Unter der glühenden Sonne bieten sich atemberaubende Anblicke. Die magische Kraft und die Intensität der Sonne ruhen auch noch in dem blütenschweren Meeresduft der Nacht, der jeden die lebendige Nähe der Mythen und der geschichtsträchtigen Vergangenheit spüren läßt.

Zwischen Olivenhainen und Weinbergen eröffnet sich der Blick auf die Wogen des Meeres, auf denen die roten Bootsrumpfe schaukeln. In die Gesichter der Menschen haben sich die Spuren von Lebenskampf, Sorge und Entbehrung tief eingegraben. Säen, Pflanzen und Ernten, Gesänge und Tänze – das ist ihr Leben, das sich seit Homers Zeiten kaum verändert zu haben scheint. Von fern ertönen die wehmütigen Klänge einer Rohrflöte, Melodien, die womöglich schon Odysseus kannte; und die Fischer, die in der Dämmerung am Strand ihre Netze ausbreiten, könnten ohne weiteres die Nachfahren seiner einstigen Gefährten sein.

Wohin man sich in Griechenland auch wendet, immer ist die Vergangenheit lebendige Gegenwart. In Mykene spürt man sie an einem verhangenen Tag, der ebenso düster sein mag wie jener Tag, der einst Agamemnon erwartete, als er aus Troja zurückkehrte, um von seiner Frau Klytämnestra ermordet zu werden. In der Dämmerung in Delphi glaubt man die Stimmen der alten Orakel zu vernehmen, die der Wind aus den verborgenen Felsspalten emporträgt. – Was mögen die Stimmen wohl sagen? Die Griechen glaubten, daß es den Menschen bestimmt war, immer das zu hören, was sie ersehnten oder was sie am meisten fürchteten.

Wenn man während eines Hochzeitsfestes ein Dorf besucht, sind alle Dorfbewohner festlich herausgeputzt und sofort bereit, alles mit dem Gast zu teilen, auch wenn ihnen noch so wenig zur Verfügung steht. In Griechenland ist das Wort für Gastfreundschaft, »Philoxenia«, aus denselben Wurzeln hervorgegangen wie das Wort für Freund, »Philo«. Nach der Trauungszeremonie in der kleinen weißgetünchten Kirche führt die Braut, ebenso schön vielleicht wie einst Helena, beim Tanz den Reigen junger Mädchen an; ihre dunklen Augen blitzen, und das Kleid tanzt um ihre schlanken Fesseln.

Stunden später, als die Gäste sich längst zerstreut haben und auch das junge Paar nirgendwo mehr zu sehen ist, werde ich vom Krachen des Donners geweckt: ein drohendes Grollen, das immer wiederkehrt und an den Kampflärm einer epischen Schlacht erinnert. Ich stehe am Fenster und sehe draußen das Mondlicht auf dem Olivenhain. Die Bäume sehen aus wie verdrießliche alte Weiber und erinnern mich an die schwarzgekleideten Frauen, die ich bei der Hochzeit gesehen habe. Schweigend und ernst standen sie da, die leibhaftige Erinnerung daran, daß Jugend, Liebe und Schönheit dahinschwinden und zuletzt in der Umarmung des Todes enden werden.

Zu den besonderen Freuden eines Griechenland-Aufenthaltes gehört es, einen Bergweg hinaufzusteigen und von jedem neuen Plateau aus die Landschaft tief unter sich zu betrachten. Von Mal zu Mal erblickt man mehr vom Land und vom Meer, bis

man schließlich, beispielsweise auf den Gipfeln von Santorin oder über Monemvasia, das Gefühl hat, die ganze Welt läge einem zu Füßen.

Wer eine Zeitlang neben einer Bergquelle verweilt, dem wird schon vom Murmeln des Wassers durstig. Er legt die Hände zusammen, taucht sie in das kühle Wasser und trinkt genau so, wie es die Menschen getan haben, lange bevor sie Werkzeuge und Gerätschaften besaßen. Haben Kehle und Zunge diese wohltuende Kühle genossen, dann benetzt der Wanderer Augen, Wangen und Kinn mit dem klaren Wasser.

In totenstiller Nacht schläft man in der Geborgenheit eines kleinen Dorfes, die Sterne versteckt hinter Bergspitzen und Felsen, bis man schließlich jene »ungeheure, formlose Dunkelheit« spürt, von der William Butler Yeats spricht. Doch da regt sich bereits der neue Tag, er überwältigt allmählich seinen Feind, die Nacht. Vergeblich setzt sich die Dunkelheit zur Wehr gegen die Kraft des Lichtes. Vor dem Hintergrund der griechischen Morgendämmerung ahnt man den Schrecken und die Schönheit, die in dem Wort Morgengrauen enthalten sind.

In dem alten Amphitheater von Epidaurus kann man noch heute im Schein der Fackeln den Tragödien von Äschylus, Sophokles und Euripides beiwohnen – eine Szene, die sich seit Jahrhunderten nicht verändert hat. Am Thermopylenpaß, wo Leonidas und seine 300 Spartaner ihr Leben im Kampf gegen die Perser opferten, blühen Blumen zwischen den Steinen. Als Zeugnis der griechischen Vorliebe für Schlichtheit und Schönheit sowohl in der Sprache als auch in der Art des Tempelbaus mahnen die ernsten Zeilen am Ort des einstigen Kampfes: »Wanderer, kommst du nach Sparta, verkündige dorten, du habest uns hier liegen gesehn, wie das Gesetz es befahl.«

Die Berge, die Griechenland im Norden begrenzen, haben die zahllosen Invasionen zwar verzögern, aber nicht aufhalten können. Das Land wurde seit den Zeiten Homers immer wieder durch Kriege verheert. Alexander der Große, die römischen Legionen, Franken, Venezianer, Türken, Faschisten und Nazis, sie alle übten eine Zeitlang eine Fremdherrschaft über das Land aus, mußten sich aber am Ende doch wieder zurückziehen. Heute widmen sich die Menschen wieder von Sonnenaufgang bis Sonnenuntergang ihrer Arbeit und trotzen dem kargen Boden ihre bescheidene Existenz ab.

Die schlimmste Heimsuchung und Verzweiflung in der Geschichte Griechenlands war die Sklaverei, die das Volk unter den osmanischen Türken erdulden mußte. Die Herrschaft der Osmanen währte fast 400 Jahre, vom Zerfall des Byzantinischen Reiches im Jahre 1453 bis zum Jahre 1830, als die Griechen schließlich nach einem Bürgerkrieg, der sich über zehn Jahre hingezogen hatte, ihre Freiheit wiedergewannen. Diese Jahrhunderte der Unterdrückung warfen dunkle Schatten auf das griechische Gemüt. Um das heutige Griechenland zu verstehen, muß man sich die Bedeutung dieser jahrhundertelangen Erniedrigungen vor Augen führen: Neugeborene wuchsen zu Kindern heran, aus denen Erwachsene wurden, die manchmal sogar ein hohes Alter erreichten und doch ihr Leben lang nichts als Sklaven gewesen waren. Über viele Generationen hin mußten die Griechen, für die das Wort »Freiheit« ebenso heilig ist wie das Wort »Brot«, das Joch der Sklaverei ertragen.

Auch wenn in Griechenland die Kunst, die Philosophie und das Drama in höchster Blüte standen, und selbst wenn das Land oft unter Invasionen, Hungersnöten und Bürgerkriegen litt, waren und sind es doch die griechischen Dichter, die den Ruhm

OBEN LINKS UND OBEN: *Im Frühling sind die Strände noch menschenleer, und die Hügel von Seriphos sind bedeckt mit blühendem Thymian und Lavendel.*

und Leid ihres Volkes den höchsten Ausdruck verliehen. Sie berichten von der Sonne, den Lasten und den Herausforderungen der Vergangenheit, von der Ruhelosigkeit und den Wallfahrten, von Meditation, Tod und Wiedergeburt. Sie lieben ihr Land vielleicht nicht mehr als die Dichter in anderen Ländern das ihre, aber sie haben die seltene Gabe, über ihre eigenen Berge hinauszuwachsen und ihre Verantwortlichkeit auf die ganze Welt auszudehnen. Ende des 19. Jahrhunderts schrieb der Dichter Kostis Palamas: »Der griechische Dichter, der das Beispiel seiner unsterblichen Vorfahren vor Augen hat, muß vor allem Mensch sein und wissen, daß wahre nationale Dichtung nur Dichtung sein kann, die über die Grenzen ihres Landes hinauswächst und höchste Intensität erreichen muß.«

Palamas war damit ein Vorläufer des griechischen Lyrikers und Nobelpreisträgers Giorgos Seferis, der schreibt: »Der freie Mensch, der gerechte Mensch, der Mensch, der ›das Maß des Lebens‹ ist, er allein ist die grundlegende Vorstellung des Hellenismus.«

In seinem Roman »Alexis Sorbas« zeigt uns Nikos Kazantzakis, der größte griechische Schriftsteller der Moderne, daß sogar Sorbas, der doch das Leben genießt, Gesang und Tanz liebt und der Liebe und dem Alkohol zugetan ist, unter dem Antlitz des Menschen noch das drohende Gespenst des Todes wahrnimmt und um unsere Verwundbarkeit und Vergänglichkeit weiß. Er, der zuerst noch alle Türken haßt, erkennt allmählich, daß es gute und schlechte Türken gibt, genau so, wie es gute und schlechte Griechen gibt. Am Ende erlangt er eine Weisheit, die Gut und Böse als allgemein menschliche Eigenschaften erkennt. Menschlichkeit, das haben Sorbas und die Griechen begriffen, besteht darin, in jedem, gleich ob Mann oder Frau, Gut und Böse, Schwäche und Stärke, Kummer und Freude, Leben und Tod zu erkennen.

Vor dem Hintergrund dieses mythologischen, kulturellen und historischen Reichtums müssen wir die Häuser und Gärten Griechenlands betrachten. Einfache Steinbehausungen sind mit farbenprächtigen Stoffen und leuchtenden Blumen und Pflanzen verschönt, die an Balkonen und Spalieren emporranken und den nackten Steinen und dem felsigen Boden Glanz verleihen. Die Einrichtungen und Dekorationen verraten den Einfluß der fränkischen, venezianischen und türkischen Besatzer. Und hinter den Fensterläden eines jeden Hauses verbergen sich neue Geheimnisse.

Jedes Möbelstück hat seine eigene Geschichte, die unweigerlich mit der Vergangenheit verknüpft ist, die längst vergangene Jahrhunderte heraufbeschwört. Dieses zeitliche Kontinuum schließt selbst noch das Bett mit ein, in dem man stirbt: Es ist ein Bett für die Geburt und ein Bett zum Sterben. Doch zwischen Geburt und Tod liegt das Leben. Die Dichter preisen auch die Freuden dieses Wunders. Odysseus Elytis, der zweite griechische Nobelpreisträger für Literatur, beschreibt dieses Wunder in einfachen, klaren Worten:

»O Leben
Eines Kindes, das zum Manne heranwächst,
Immer nahe am Meer, wo die Sonne
Es lehrt, dem Ort zuzuatmen, wohin
Der Schatten der Möwe entschwindet.«

Harry Mark Petrakis
Autor von »A Dream of Kings« und »Collected Stories«

DAS LAND

Seit der Antike sind Sonne und Meer die größten Reichtümer Griechenlands. Es ist ein Land der Fischkutter, Lastkähne, Fähren und Jachten; denn man ist in Griechenland nirgendwo weiter als 90 Kilometer vom Meer entfernt.

Mit dem Schiff einen Hafen anzulaufen ist immer wieder ein überwältigendes, unvergeßliches Erlebnis. Piräus, der Hafen von Athen, war der wichtigste Hafen im Altertum überhaupt und ist heute der geschäftigste im gesamten Mittelmeerraum. Auch die malerischen Häfen der Inseln – etwa die von Mykonos, Lindos auf Rhodos oder Hydra – erinnern noch an Griechenlands große Vergangenheit als Seemacht. Die weißgetünchten Dörfer der Kykladeninseln scheinen sich geradezu ins Ägäische Meer zu stürzen, während die Ionischen Inseln mit ihren schlanken Zypressen und knorrigen Olivenbäumen ein völlig anderes landschaftliches Bild vermitteln. Griechenland ist reich an Kontrasten.

Üppige saftiggrüne Täler wetteifern mit der herben Schönheit von kargen Felsenlandschaften, doch Land und Meer verbinden auch diese Gegensätze. Selbst der Sommerwind, »Meltemi«, der aus dem Norden weht, wird von den Menschen auf ganz unterschiedliche Weise erlebt. Für die Seefahrer bedeutet er eine gefährliche Bedrohung, doch den Bewohnern der sonnenverbrannten Inseldörfer bringt er erfrischende Kühle.

GEGENÜBERLIEGENDE SEITE UND DIESE SEITE: *Boote und Schiffe – vom einfachen Kutter bis zum modernen Kreuzer – sind aus dem griechischen Leben nicht fortzudenken.*

LINKS UND RECHTS: *Griechenland ist von drei Meeren umgeben: im Süden vom Mittelmeer, im Westen vom Ionischen Meer und im Osten vom Ägäischen Meer. Das Festland ist umgeben von über 4000 Kilometern Küste. Hinzu kommen die mehr als 1400 Inseln mit nochmals annähernd 11 000 Kilometern Küste.*

LINKE SEITE: *Zu den unterschiedlichen Landschaften der griechischen Inseln gehören die Hügel von Seriphos, die im Frühjahr von wildwachsenden Blumen bedeckt sind* (OBEN LINKS) *ebenso wie die kargen, im Sommer von der Sonne ausgedörrten Klippen von Santorin* (UNTEN RECHTS). *Thymian, Oregano, Rosmarin und wilder Lavendel sind nur einige der zahlreichen wildwachsenden Kräuter, die auf den Kykladeninseln gedeihen* (MITTE RECHTS UND LINKS, UNTEN LINKS). *Die Berge von Paros wirken wie mit Olivenbäumen gesprenkelt* (OBEN RECHTS).

RECHTS: *Auf Mykonos zeichnen sich bei Sonnenuntergang die Silhouetten der Balkone hoch über dem Wasser malerisch gegen den Himmel ab.*

LINKS: *In Griechenland herrschen vor allem drei Farben vor: Das Weiß, die Farbe der Reinheit und Sauberkeit, leuchtet überall auf den getünchten Fassaden der Häuser, die jedes Jahr neu gestrichen werden, und auf den Bürgersteigen. Blau – die Farbe des Wassers, in allen Schattierungen von Türkis bis Marineblau – findet man auf den Türen und Fensterrahmen. Den Hintergrund bildet überall das Ocker, die Farbe der Erde, der Terrakotta und der Steine. Die volkstümlichen Häuser sind meist schlicht und einfarbig, während die Bürgerhäuser bisweilen den ganzen Farbenreichtum des Orients widerspiegeln.*

Links: *Im Norden von Epirus schlängelt sich ein Fluß durch ein saftiggrünes Tal mit unzähligen Pinien, Pappeln und Kastanienbäumen.*

LINKS UND RECHTS: *Das griechische Licht ist legendär – strahlend, blendend, fast greifbar und doch grenzenlos. Mit jedem Sonnenuntergang und Sonnenaufgang läßt es die Landschaften neu und außergewöhnlich erscheinen. Es wirft Schatten auf ein weißes Bergdorf und läßt die Berge, die sich im frühen Morgendunst beinahe verlieren, in makellos glänzendem Licht erstrahlen.*

ΚΑΦΕΝΕΙΟΝ
ΝΕΟΝ
ΤΙΜΟΛΟΓΙΟΝ

LEBEN IN GRIECHEN-LAND

Männer sitzen an Tischen und trinken schwarzen Kaffee aus winzigen Tassen, zu denen ein Glas frisches Wasser gereicht wird. Sie spielen »Tavli«, lassen Gebetsperlen durch die Finger gleiten und reden – meist über Politik und Geld.

Noch immer gehören »Kafeneion« und »Taverna“, beliebte Treffpunkte, die an die Stelle der alten »Agora« getreten sind, untrennbar zum Alltag. Denn in Griechenland werden alte Traditionen allen Neuerungen zum Trotz noch immer streng bewahrt. So sind auch die Frauen, anscheinend ewig schwarz gekleidet, noch immer uneingeschränkte Herrscherinnen über das Haus.

Der Jahresablauf orientiert sich an den griechisch-orthodoxen Festen und Zeremonien, auch wenn in die religiösen Sitten inzwischen Familientraditionen eingeflossen sind und in ihnen manchmal sogar ein gewisser Aberglauben spürbar ist. Doch die Griechen haben sich ihre Lebensfreude und den Sinn für Vergnügungen bewahrt. Musik und Tanz sind weiterhin wichtige Ausdrucksmöglichkeiten für Freude und Schmerz.

GEGENÜBERLIEGENDE SEITE: *Das neoklassizistische Café Neon am Omoniaplatz in Athen wurde 1924 eröffnet und ist eines der letzten politischen Cafés der Stadt. Die Stammgäste sitzen dem Eingang zugewandt, so daß sie alle Neuankömmlinge sehen können.*

RECHTS UND LINKS: *Überall in Griechenland treffen sich die Menschen in der »Taverna« oder im »Kafeineon«.*

LINKS UND RECHTE SEITE: *Griechen, die aus den Bergregionen stammen, sind oft blond und blauäugig. Die Bewohner der Regionen mit einem stark orientalischen Einfluß hingegen haben häufig einen dunkleren Teint. Allen gemeinsam scheinen jedoch Stolz und Enthusiasmus, Heiterkeit und Lebensfreude zu sein.*

ZAK

LINKS: *Die geschäftige Aktivität auf dem Athener Fischmarkt, der zwischen imposanten neoklassizistischen Kolonnaden abgehalten wird* (OBEN) *kontrastiert mit der kühlen Ruhe eines neonbeleuchteten altmodischen Kaufhauses aus den dreißiger Jahren* (UNTEN).

RECHTE SEITE: *Ein Eisenwarengeschäft, in dem man traditionelle griechische Gerätschaften und Werkzeuge kaufen kann* (OBEN LINKS); *ein Lebensmittelgeschäft, das von einer Familie geführt wird* (MITTE LINKS); *ein Laden, der auf Ouzo spezialisiert ist* (UNTEN LINKS), *einer, in dem man Eier kaufen kann* (OBEN RECHTS), *oder ein Geschäft, in dem man die verschiedensten Olivenarten und Olivenöle erstehen kann* (MITTE RECHTS), *sowie schließlich ein Lebensmittelgeschäft im Stil der fünfziger Jahre, dessen besondere Spezialität Süßigkeiten sind* (UNTEN RECHTS): *Zahlreiche Kleinunternehmen dieser Art trifft man auch heute noch allerorten an.*

ΚΑΡΡΑΣ
ΑΘΗΝΑΣ 5

ΤΑΜΕΙΟ

409

Α' ΝΗΠΙΑΓΩΓΕΙΟΝ
ΚΟΝΙΤΣΗΣ

1

LINKE SEITE UND RECHTS: *Überall führen Türen in Gärten und Innenhöfe oder in das Innere der Häuser. Die Haustüren bleiben tagsüber geschlossen, um die Innenräume kühl zu halten. Meist bestehen die Türen aus Holz und sind mit dekorativen Blumen geschmückt, in leuchtenden Farben gestrichen oder mit einem hübschen steinernen Türsturz versehen. Die Türen sind Symbole der griechischen Gastfreundschaft.*

Die Angst, ein Unglück könne über das Haus hereinbrechen, hat zu zahlreichen abergläubischen Bräuchen geführt. Manchmal werden mit Kerzenrauch geschwärzte Kreuze oben an den Türsturz genagelt, und im Mai bringt man Blumenkränze über der Tür an, um das Haus vor Unheil zu schützen. Die winzigen Fensterchen über den Türen, oft dreieckig oder in Form eines sechzackigen Sterns, lassen nicht nur zusätzlich Tageslicht in das Haus eindringen, sondern sollen vor allem dazu dienen, den bösen Blick abzuwehren.

LINKS UND RECHTE SEITE: *Zahlreiche Gebäude in Athen, Nauplion und Ägina liefern beeindruckendste Beispiele des griechischen Neoklassizismus: Fassaden im klassisch hellenistischen Stil, der durch Säulen, Pilaster und Ziergiebel gekennzeichnet ist, werden mit den blassen Ockerschattierungen verbunden, die an die Farbpalette der italienischen Renaissance erinnern. Athen, zeitweilig nur ein kleines Dorf am Fuße der Akropolis, wurde in der ersten Hälfte des 19. Jahrhunderts wieder aufgebaut, nachdem der 1832 zum König von Griechenland ernannte Otto von Bayern, ein Sohn König Ludwigs I., mit einer Gruppe Architekten dort eingetroffen war. Ernst Ziller, einer der wichtigsten Architekten dieser Epoche, kam in den fünfziger Jahren des 19. Jahrhunderts nach Athen. Die im neoklassizistischen Stil wiederaufgebaute Stadt wurde 1834 die Hauptstadt von Griechenland.*

BAUSTILE

Die Menschen leben in Griechenland in Gebäuden der unterschiedlichsten Art – von schlicht bis elegant, vom würfelförmigen Inselhaus bis hin zum Herrenhaus im alt-italienischen Stil, inmitten eines riesigen Besitzes.

Griechische Häuser – ob weiß getüncht oder mit pastellfarbenem Stuck verziert – sind immer auch lebendige Zeugen einer Vielfalt historischer und kultureller Einflüsse.

Die stattlichen Bürgerhäuser bilden einen auffälligen Kontrast zu den kleinen, jahrhundertealten Gebäuden, die längst in Sommerhäuser umgewandelt worden sind. Die gegenwärtige Lebensweise vereint das Moderne mit dem Althergebrachten.

Viele Griechen, die in der Welt herumgereist waren, kehrten nach Hause zurück und brachten einen internationalen Lebensstil und den Sinn für modernen Luxus mit in die Heimat zurück.

Andere hingegen bevorzugen eine asketische oder besinnliche Lebensweise. Oft wählen sie volkstümliche, sogar primitive Häuser als Wohnsitz oder ziehen sich auf abgelegene Inseln zurück und umgeben die schlichten, auf das Notwendigste beschränkten Häuser mit einem künstlerischen Ambiente, das ihren ganz persönlichen Geschmack widerspiegelt.

GEGENÜBERLIEGENDE SEITE: *Das Votivbild aus Zinn, auf dem ein Haus dargestellt ist, gehört zu einer Reihe von symbolischen Abbildungen, die Frauen von Seeleuten in die Kirche gebracht haben, um so Schutz für ihre Angehörigen zu erbitten.*

DIESE SEITE: *Die unterschiedlichen Häuser – einige mit Flachdächern – zeugen von der architektonischen Vielfalt des Landes.*

EIN VORNEHMES HERRENHAUS

Korfu, die fruchtbare grüne Insel im Ionischen Meer, stand während der letzten sechs Jahrhunderte unter dem Einfluß verschiedener Herrscher. Venezianer, Franzosen, Engländer und später auch Italiener haben auf der Insel ihre Spuren hinterlassen. Die ausgefallenen aristokratischen Häuser, die erfolgreiche Kaufleute und Großgrundbesitzer auf Korfu bauen ließen, befinden sich schon seit Generationen im Besitz der jeweiligen Familien.

Stefanos und Olga Bulgaris gehören zu einer der ältesten vornehmen Familien auf der Insel. Während der letzten Jahre hat sich das Ehepaar intensiv um den alten Familienbesitz gekümmert.

OBEN: *Das Haus wurde im italienischen Stil erbaut, mit einem Ziegeldach und einer kleinen Steintreppe; es liegt halbversteckt in einem Garten.*

LINKS: *Am Eingang zum Grundstück befindet sich eine Treppe im klassischen italienischen Stil.*

Oben: *Die Türen sind so angelegt, daß man durch den großen Empfangsraum des Hauses hindurch einen Blick auf den herrlichen Garten werfen kann.*

Oben links: *Kletterpflanzen ranken am Stamm einer riesigen Palme empor, die seit vielen Jahren im Vorgarten steht.*

Links: *Der Garten hinter dem Haus ist dicht bewachsen und spendet Schatten und Kühle.*

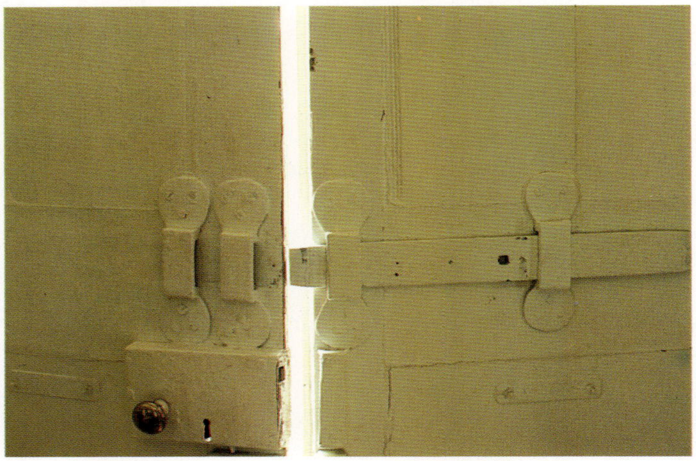

OBEN UND RECHTS: *Im großen Empfangszimmer sind englische Antiquitäten mit einem Flügel und einem großen japanischen Aquarellbild kombiniert.*

LINKS: *Die Eingangstür ist mit einem großen Riegel gesichert.*

LINKS OBEN: *In der perlmuttverzierten Vitrine sind Gürtel und silberne Gürtelschnallen aus Nordgriechenland ausgestellt.*

RECHTS OBEN UND LINKS UNTEN: *Die antiken Schachtische erinnern an die Einflüsse einer anderen Kultur.*

UNTEN RECHTS: *Der Bugholzschaukelstuhl kam von Österreich nach Korfu. Diese Schaukelstühle waren um die Jahrhundertwende in Griechenland sehr beliebt.*

Rechts: *Unter dem Familienwappen der Bulgaris' hängen Porträts von Familienmitgliedern.*

LINKS: *Antike englische und italienische Teller sind im Eßzimmer dekorativ nebeneinander aufgereiht.*

RECHTS: *Der antike Teppich im Eßzimmer stammt aus Nordgriechenland. Ein Stellschirm verdeckt den Eingang zur Küche.*

GANZ LINKS: *Die in Leder gebundenen Bücher werden in einer wertvollen, alten italienischen Vitrine aufbewahrt.*

LINKS: *Von diesem Fenster aus kann man die schlanken Zypressen sehen.*

Oben: *In den angrenzenden Schlafzimmern sind die Dielen auf Hochglanz poliert.*

Links: *In der geräumigen Küche wurde die ursprüngliche Ausstattung bewußt beibehalten und nicht modernisiert.*

Oben: *Im Spiegel einer altertümlichen englischen Frisierkommode aus Mahagoni sind die lackierten eisernen Bettgestelle mit den aufgesetzten Messingabschlüssen zu sehen.*

Eine Kunstgalerie

Weißer Marmor und Goldreliefs bestimmen dieses beeindrukkende Gebäude, das an eine Galerie erinnert und einmal der Athener Wohnsitz des weltbekannten Kunsthändlers Alexander Iolas war, der im Jahr 1987 verstarb. Der griechische Architekt Dimitri Pikionis entwarf das imposante Gebäude mit den weitläufigen Räumen für Iolas Kunstsammlung, zu der antike Statuen und Plastiken, aber auch moderne Kunstwerke gehören.

Oben: *Das niedrige zeitgenössische Gebäude liegt mitten in einem Garten am Ende eines mit Marmorsteinen gepflasterten Weges.*

Links: *Das Fragment einer romanischen Steinsäule aus dem 12. Jahrhundert, das die Veranda ziert, stammt aus Italien.*

LINKS: *Auf der mit Marmorsteinen gepflasterten Terrasse stehen verschiedene Marmorskulpturen, unter anderem ein Torso aus der römischen Antike.*

LINKS: *Die Fensterläden werden geschlossen gehalten, um die Gemälde im Inneren des Hauses vor dem intensiven Tageslicht zu schützen.*

OBEN: *Eine römische Frauenfigur ohne Kopf, die aus dem ersten oder zweiten Jahrhundert nach Christi Geburt stammt, steht zwischen zwei römischen Säulen. Der Fensterrahmen aus Marmor ist modern.*

RECHTS OBEN: *Die breite Treppe, deren Marmorgeländer antiken Vorbildern nachempfunden wurde, verbindet den Garten mit dem ersten Stock des Gebäudes.*

RECHTS MITTE UND UNTEN: *Im Garten stehen römische Torsos in einer Kolonnade aus alten Steinfragmenten.*

Links: *Die beiden großen tellerförmigen Bronzescheiben bilden einen interessanten Kontrast zur pastellfarbenen Hauswand.*

OBEN: *Im Erdgeschoß gehen mehrere geräumige Zimmer mit Marmorwänden ineinander über.*

RECHTS: *Verschlungene Stengel mit verspielten Blätter- und Blütenkompositionen zieren das schmiedeeiserne Treppengeländer, das von Claude Lalanne, einem zeitgenössischen französischen Künstler, entworfen wurde.*

OBEN: *Die Bücher in der Bibliothek sind in weißes Papier eingeschlagen und harmonieren mit den Marmorwänden.*

OBEN LINKS: *Die prunkvolle Tür mit dem gehämmerten Goldbeschlag ist ein Werk des griechischen Künstlers Wolfgang Kardamatis.*

LINKS: *Kunstwerke des verstorbenen amerikanischen Popart-Künstlers Andy Warhol, darunter auch ein Porträt von Alexander Iolas, beherrschen einen der galerieartigen Räume. Die Sitzmöbel sind Teil eines Möbelpuzzles, das der chilenische Designer Sebastian Matta 1969 geschaffen hat.*

Oben: *Die Betten im Hauptschlafzimmer sind räumlich versetzt aufgestellt.*

Links: *Imposante römische Skulpturen thronen wie Wächter auf ihren Säulen und Sockeln. Die gewundene Säule in der Ecke stammt aus dem Mittelalter.*

Folkloristisches Haus

Wie so viele Gebäude in der Bergregion im Norden Griechenlands nahe der albanischen Grenze kann auch dieses Haus auf eine bewegte Geschichte zurückblikken. Ursprünglich wurde es von einer Familie aus der Mittelschicht bewohnt und war ganz im neoklassizistischen Stil gehalten, der um die Jahrhundertwende sehr beliebt war. Zu Beginn des 20. Jahrhunderts, in den letzten Monaten der türkischen Okkupation, wurde das Innere des Hauses jedoch völlig zerstört.

Der jetzige Eigentümer hat das Haus während der letzten zwanzig Jahre nach seinem eigenen Geschmack umgestaltet, so daß es ein anschauliches Beispiel folkloristischer Kunst darstellt.

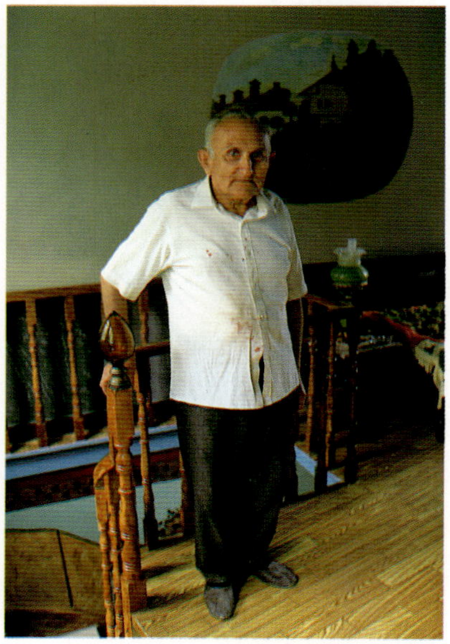

OBEN: *Die lebhafte Farbgebung des Steinhauses hebt sich deutlich von der leicht düster anmutenden Landschaft ab.*

LINKS: *Der jetzige Hausherr steht mit farbbekleckstem Hemd auf dem Treppenabsatz seines Hauses. Im Hintergrund ist eines der Wandbilder zu sehen, die er eigens für das Hausinnere entworfen hat.*

OBEN: *Die verzierte Balkonbrüstung erinnert noch an die Vergangenheit des Hauses.*

LINKS: *Die neoklassizistische Eingangstür wurde mit einem naiven Trompe-l'œil-Holzmuster bemalt.*

LINKS: *Alle Innenflächen des Hauses, von den Dachleisten bis zu den Wänden und Türen, sind in lebhaften, kräftigen Farben gestrichen.*

RECHTS: *Leuchtende Farben, Trompe-l'œil-Motive und dekorative Schablonenbilder verleihen dem ehemals neoklassizistischen Gepräge des Hauses einen bunten, folkloristischen Charakter. Künstliche Blumen, Vinylfußböden, goldgerahmte Stiche und eine Deckenlampe aus den fünfziger Jahren ergänzen die volkstümliche Einrichtung.*

OBEN: *In einem der Schlafzimmer sind die beiden großen Matratzen nach orientalischer Sitte um den Ofen herum arrangiert.*

LINKS: *Wandschränke sind typisch für die Häuser Nordgriechenlands.*

RECHTS: *In dem geräumigen Schlafzimmer sind auf einem der Betten Trauben zum Trocknen ausgelegt. Das Zimmer wird mit einem offenen Kamin und einem kleinen Ofen beheizt. Während der wärmeren Monate verdeckt ein großes Tuch die Kaminöffnung.*

CHOCOLAT

Ein Inselrefugium

In der Antike war Lindos, eine Stadt auf der Dodekanesinsel – von »Dodekanesos«, »Zwölfinselgruppe« – Rhodos, einer der wichtigsten Häfen der Ägäis. Ihre höchste Blüte erlebte die Stadt in der byzantinischen Zeit und im Mittelalter.

Hoch über den Dächern von Lindos erhebt sich ein gewaltiger Palast aus dem 15. Jahrhundert, der vom Ritterorden der Johanniter auf den Fundamenten der antiken Akropolis errichtet wurde. An den Häusern von Lindos lassen sich noch immer deutlich mittelalterliche und türkische Einflüsse erkennen.

Einige wenige Häuser aus dem 17. Jahrhundert gehörten früher Schiffskapitänen. Der bekannte britische Rocksänger David Gilmour und seine Frau Ginger haben eines von ihnen als Sommerhaus für ihre Familie hergerichtet.

Oben: *Das Haus der Gilmours auf Rhodos liegt unterhalb der Festung von Lindos.*

Links: *Ein verzierter Torbogen aus Sandstein führt von der Straße in den Innenhof des Grundstücks.*

OBEN UND LINKS: *»Krokalia« nennt man die für Rhodos typischen schwarzen und weißen Kieselsteinböden, deren hübsche Muster sowohl im Hof als auch im Inneren des Hauses zu bewundern sind.*

LINKS: *Oleander, Kakteen, Geranien und Bananenstauden gedeihen in den zahlreichen großen Terrakottatöpfen im Innenhof und auf den Terrassen des Hauses.*

RECHTS: *Das griechische Tischtuch aus Baumwolle über dem langen Holztisch dient als Markise und spendet Schatten, falls die Familie ihre Mahlzeit im Innenhof einnehmen möchte.*

Oben: *Die breiten Stufen, die zur Küche hinunter führen, sind halbkreisförmig angelegt.*

Oben: *An einem Ende des Hauptwohnraumes, der »Sala«, befindet sich ein niedriger Zwischenboden mit Matratzen, die im Sommer oft als Schlafgelegenheit benutzt werden.*

Rechts: *Abends wird ein Teppich auf den Kieselboden gelegt. Die großen Kissenpolster vor den Vorratsschränken bieten bequeme Sitzgelegenheiten für Gäste.*

OBEN: *Mit Schnitzereien verzierte Läden schmücken das Fenster zum Innenhof. Oberhalb des Fensters sind orientalische Stuckverzierungen zu sehen.*

RECHTS: *Truhe, Stufen, Brüstung und Zwischenboden aus Naturholz gehören zu den traditionellen Elementen der Häuser auf den Dodekanesinseln.*

OBEN: *Der größte Schlafraum befindet sich im obersten Stockwerk. Indische Querbehänge zieren die Fenster, über dem Bett hängt ein dekorativ verknotetes Moskitonetz aus Ceylon.*

GANZ LINKS: *Rosa Nelken schmücken einen handgefertigten Krug von der Insel Samos.*

LINKS: *Über der Sitzgelegenheit im Hauptraum hängen israelische und griechische Stickereien. Auf dem niedrigen Tisch, »Sofras«, wurde ursprünglich türkischer Mokka serviert.*

Eine luxuriöse Villa

Porto Rafti, eine alte Hafenstadt am Mittelmeer, hat sich während der letzten 25 Jahre zum bevorzugten Wohnort wohlhabender Athener entwickelt. Die Häuser sind wunderschön gelegen und verfügen oftmals über riesige Swimmingpools, gepflegte Gärten, geräumige Terrassen; auch ist meist genügend Dienstpersonal vorhanden, um alles gebührend zu versorgen.

Das moderne Steinhaus im Besitz von Felix und Doda Voridis liegt in der Nähe von Athen. Von dort ist es über die Küstenstraße in einer halben Stunde zu erreichen. Zu dem Anwesen gehören eine eigene Kapelle, ein ausgedehnter Garten, ein riesiger Swimmingpool mit Blick auf die Ägäis und mehrere Verandas – eine Ausstattung, die den Besitz zum Inbegriff des Luxus macht.

OBEN: *Die Straße, die an der modernen Villa vorbeiführt, gehört mit zum Grundstück.*

LINKS: *Die große Veranda verlängert den Wohnraum des Hauses ins Freie.*

RECHTS: *Die kleine Privatkapelle ist der Heiligen Paraskevi geweiht und wurde zur selben Zeit gebaut wie das Haus. Die Fresken stammen von Pavlos Samios.*

IC XC
Ἡ ΔΕΗ ΣΙΣ

Oben: *In der Nähe des Swimmingpools stehen Stühle und ein Tisch unter einer blühenden Bougainvillea.*

Rechts: *Vom Swimmingpool aus hat man einen überwältigenden Blick auf die Küstenlandschaft.*

Ein Künstlerhaus

Das Sommerhaus des Bühnenbildners Manolis Pantelidakis auf der Kykladeninsel Seriphos ist ein richtiges Kunstwerk. Pantelidakis hat sich von der einzigartigen Lage des Gebäudes inspirieren lassen. Das weißgetünchte Steinhaus schmiegt sich an einen riesigen Felsen, auf dem eine Kapelle errichtet wurde.

Wie ein Bildhauer hat der Künstler einzelne Gebäudeteile aus dem Felsen herausgeschlagen, dabei aber immer den eindrucksvollen Charakter des rauhen Gesteins bewahrt. Fast alle Einrichtungsgegenstände sind Fundstücke, die Pantelidakis mehr wegen ihrer symbolischen Bedeutung als wegen ihrer Verwendbarkeit für das tägliche Leben zusammengetragen hat.

Oben: *Der offene Innenhof vor der Küche dient im Sommer als Eßzimmer unter freiem Himmel.*

Links: *Auf dem Felsen oberhalb des Hauses steht eine Kapelle.*

Rechts: *Der abgeschlossene Innenhof mit dem riesigen Felsgewölbe erinnert an eine Grotte.*

ΤΡΟΦΙΜΑ
το
Εκλεκτόν
ΠΟΤΑ

Oben ganz links: *In einer Nische, die ehemals als Feuerstelle diente und durch das einfallende Licht wie eine beleuchtete Vitrine wirkt, steht eine Schneiderpuppe, die vom Place des Vosges in Paris stammt.*

Oben links Mitte: *Im Erdgeschoß vor dem Fenster hat Pantelidakis eine Arbeitsecke eingerichtet.*

Oben links: *Das Restaurieren von Schiffsdioramen, die er auf Flohmärkten findet, gehört zu den Sommerbeschäftigungen des Künstlers.*

Unten ganz links: *Die dreiteilige Küchentür ermöglicht ein interessantes Wechselspiel von Licht und Schatten.*

Unten links Mitte: *Die Fenster in der winzigen Küche, die nur mit dem Nötigsten ausgestattet ist, sind nicht verglast.*

Unten links: *Der große runde Stein auf dem Marmorsockel ist ein Kunstwerk von Manolis Pantelidakis. Die handgemalten gläsernen Reklameschilder zeugen von seiner Vorliebe für ungewöhnliche Fundstücke des alltäglichen Lebens.*

Oben rechts: *Wuchtige Steine, Treibholz, Teile von Holzverkleidungen und alte Koffer und Taschen geben dem Raum im Erdgeschoß seine eigene Note.*

Unten rechts: *Der Schlafbereich im Erdgeschoß ist der einzige Teil des Hauses, in dem kein nackter Fels zu sehen ist. Statt dessen wurden hier Steinblöcke und Marmorstücke kunstvoll in den Raum integriert.*

OBEN: *Das kleine Fenster im oberen Stockwerk führt unmittelbar auf die Felswand hinaus.*

LINKS: *Die Treppe, die zum Schlafraum unter dem Dach führt, wurde aus dem Fels herausgeschlagen und verdeckt eine kleine Toilette. Der alte Rahmen an der Wand wirkt wie ein Kunstwerk.*

OBEN RECHTS: *Der schwarze Stoff erinnert an einen Theatervorhang und soll das grelle Tageslicht dämpfen. Bambusdächer sind charakteristisch für die Häuser auf Seriphos, da Bambuspflanzen auf der Insel im Überfluß wachsen.*

MITTE RECHTS: *Der gemauerte niedrige Zwischenboden mit dem Bett ist so angelegt, daß man von hier aus den Hafen, das Meer und den Himmel sehen kann. Die Lampe aus einer griechisch-orthodoxen Kirche steht unmittelbar an der Felswand.*

UNTEN RECHTS: *An der Wand lehnt eine alte Holztür, die Pantelidakis selbst bemalt hat.*

FAMILIEN-WOHNSITZE

Für viele Griechen gibt es nichts Wichtigeres als die Familie. Obwohl sie von Natur aus Reisende, Abenteurer (in früheren Zeiten oft Piraten), Kaufleute und Schiffskapitäne sind, sehnen sie sich doch immer wieder nach Hause zurück.

Von ihren Reisen ins Ausland bringen die Griechen Erinnerungsstücke und Erfahrungen mit heim. Für sie war es seit jeher selbstverständlich, nachfolgenden Generationen einen angemessenen Wohnsitz zu schaffen. Im 17. Jahrhundert entstand in Griechenland, vor allem durch den blühenden Handel mit Venedig, eine neue Oberschicht. Auch heute noch besitzen einige dieser alten Familien die großen Anwesen, die ihnen ihre Vorfahren aus jener Zeit hinterlassen haben. Während einige Familienbesitze allmählich, wenn auch malerisch verfallen, werden andere mit viel Einsatz wieder instand gesetzt und liebevoll erhalten.

Englische und venezianische Möbel sowie Flügel und Bibliotheken mit Büchern in kostbaren Ledereinbänden zeugen von Geschmack und Kultur der vergangenen Generationen, die weltoffen waren und immer versuchten, aus der Fremde soviel wie möglich in die Heimat mitzubringen.

GEGENÜBERLIEGENDE SEITE: *In einem Haus in Ioannina, einer Stadt in der Region Epirus im Norden Griechenlands, sind auf einer alten Fotografie drei Generationen einer alten vornehmen Familie einträchtig versammelt.*

DIESE SEITE: *Die stattlichen griechischen Häuser spiegeln in allen architektonischen Variationen die bleibenden Werte des Familienlebens wider.*

Eine würdevolle Ruine

Die Familie Kourkoumelli aus Nordgriechenland floh zunächst vor den Türken auf die Insel Kephallonien und ließ sich schließlich auf Korfu nieder. Der 400 Jahre alte Familienbesitz in Afra wurde auf den Ruinen eines Klosters aus dem 13. Jahrhundert erbaut. Inmitten eines riesigen Anwesens, auf dem bis Ende des 19. Jahrhunderts Oliven angebaut wurden, entstand das Gebäude in vier Phasen, die letzte liegt mehr als 200 Jahre zurück.

Englische und venezianische Möbel, kostbares Familiensilber, eine Ahnengalerie und eine antike Waffensammlung erinnern an die glorreiche Vergangenheit. Das Haus hat dem rauhen Klima, der ständigen Feuchtigkeit und sogar der Zeit selbst getrotzt, ohne dabei seine Eleganz und seinen nostalgischen Charme zu verlieren.

Oben: *Majestätische Zypressen gedeihen in der eindrucksvollen Landschaft von Korfu.*

Links: *Eine antike Steinskulptur auf einer Mauer, die zum Anwesen der Familie gehört.*

LINKS: *Das Tal erstreckt sich weit über das Familienanwesen hinaus.*

LINKS: *Am Eingang des Grundstükkes hängen alte Futterkörbe aus Metall, die früher mit Heu für die Pferde gefüllt wurden.*

RECHTS: *Auf der Rückseite des Hauses befinden sich zahlreiche verschieden große Fenster mit grüngestrichenen Fensterläden.*

UNTEN LINKS: *Der überdachte Gang, der zu dem Haus führt, kann mit einem schmiedeeisernen Tor verschlossen werden.*

UNTEN RECHTS: *Die abbröckelnde Farbe verstärkt noch die romantische Wirkung der Bogenfenster.*

GEGENÜBERLIEGENDE SEITE: *Das imposante Haus mit dem römischen Ziegeldach und dem groben rosa Verputz wurde im klassischen italienischen Stil erbaut.*

OBEN: *Die Zimmer im Erdgeschoß erstrecken sich entlang einem ausgedehnten Flur.*

LINKS: *Die romantische Arkade entstand bereits im 13. Jahrhundert.*

OBEN: *Leuchtende Buntglasfenster gehen auf den Garten hinaus.*

RECHTS: *Die Steinbögen, die ursprünglich zum Kloster gehörten, bilden das Fundament des Hauses.*

OBEN: *Englische und chinesische Teeservice aus Porzellan werden in einem Vitrinenschrank aus Mahagoni aufbewahrt, der im 19. Jahrhundert aus England importiert wurde.*

RECHTS: *Blickfänge im Eßzimmer sind ein Porträt von Matheos Rodostamo aus dem 17. Jahrhundert und die Bildnisse von zwei weiteren Ahnen der Familie Kourkoumelli. Der nackte, ausgebleichte Holzfußboden steht in Kontrast zur Eleganz der polierten englischen Möbel.*

LINKS: *Im Arbeitszimmer des Hausherrn ist eine Sammlung antiker Waffen, Schwerter und Säbel um den Kamin arrangiert.*

RECHTS: *Spazierstöcke und Reitgerten werden auf einem besonderen Wandgestell im Flur aufbewahrt.*

UNTEN RECHTS: *Alte Fotografien und persönliche Erinnerungsstücke der Familie Kourkoumelli, die sich über viele Generationen hinweg angesammelt haben, prägen die maskuline Atmosphäre des Arbeitszimmers.*

LINKS: *Das große Wohnzimmer erstreckt sich fast über das gesamte Erdgeschoß. Die zahlreichen Lederbände im Bücherschrank und der eindrucksvolle Flügel zeugen vom kultivierten Lebensstil der Familie.*

GANZ LINKS: *Das monumentale Porträt von Polimnias Skaramanga, einer Ahnin der Familie Kourkoumelli, wurde Anfang des 19. Jahrhunderts vom persönlichen Hofmaler des Zaren in Moskau angefertigt.*

LINKS: *In dem persönlicher gehaltenen kleinen Salon hängt ein Kronleuchter aus venezianischem Glas.*

Oben: *Der Vorraum zur Küche besitzt einen Steinfußboden. Die alte Kaffeemühle und die antike Waage werden noch heute benutzt.*

Rechts: *Die Küche im Erdgeschoß wird von einem riesigen, mit Kacheln verzierten Steinofen beherrscht. Ein hölzernes Tellerbord, in dem man das Geschirr zum Trocknen aufstellt, hängt über der Steinspüle. Der Tisch in der Mitte des Raumes hat eine dicke Arbeitsplatte aus Stein.*

AM HAFEN

Das kleine Haus eines Modedesigners, der auf Mykonos geboren ist, liegt unmittelbar am Meer, mit Blick auf Klein-Venedig – einen uralten Fischerhafen, dessen Häuser auf Pfählen gebaut sind.

Das Haus mit seinen weißgetünchten Wänden, den gestrichenen Fußböden und Decken und den zahlreichen Familienerbstücken wurde sorgfältig restauriert, um die schlichte Schönheit der Vergangenheit wiederaufleben zu lassen.

OBEN: *Eine Außentreppe mit abgetretenen Steinstufen verbindet die einzelnen Stockwerke des Hauses miteinander. In den großen Olivenölkannen, die vor kurzem weiß gestrichen wurden, wachsen Geranien.*

LINKS: *Die Fenster und der Balkon an der zum Meer gelegenen Fassade wurden liebevoll restauriert.*

LINKS: *Das große Fährschiff auf der Heimfahrt nach Piräus, dem Hafen von Athen, ist von einem Vorzimmer im ersten Stock deutlich zu sehen.*

OBEN: *An den großen Fenstern, die auf den Balkon hinausgehen, dämpfen Spitzengardinen das grelle Tageslicht.*

LINKS: *Dunkle Holzkonstruktionen wurden in die Wand eingesetzt und trennen die Diele vom Eßzimmer ab.*

OBEN: *Alle Zimmer führen in eine große Diele, deren Decke, Deckenbalken und Fußboden blau gestrichen sind.*

OBEN RECHTS: *Der Bogen mit dem Spiegel läßt das fensterlose Eßzimmer optisch größer erscheinen.*

RECHTS: *In der Küche stehen dekorative Einzelstücke auf einem alten Herd, der seit langem nicht mehr benutzt wird.*

GANZ RECHTS: *Das Sofa aus dem 19. Jahrhundert, das eine Ecke des Wohnzimmers einnimmt, ist typisch für die Kykladeninseln. Die Sitzpolster sind mit traditionellem Baumwollstoff überzogen. Auch der kleine Teppich wurde auf der Insel hergestellt.*

Schützende Mauern

Dieses Gebäude in Metsovo ist ungewöhnlich groß, doch ist eine ähnliche Bauweise in der bergigen, rauhen Region von Epirus im Norden Griechenlands keineswegs selten. Der Familiensitz stammt aus dem 18. Jahrhundert und sollte die Bewohner vor allem vor den türkischen Invasoren schützen.

Die einfache, schmucklose Fassade, die kleinen Fenster und die rauhen Steinwände verleihen dem Gebäude eine leicht düstere, beklemmende Ausstrahlung, die allerdings in völligem Gegensatz zu der freundlichen Atmosphäre im Inneren steht. Der offene Kamin und die langen niedrigen Sitzreihen, die sich über eine ganze Wand erstrecken, schaffen Gemütlichkeit und lassen den orientalischen Einfluß erkennen.

Oben: *Vom Haus aus hat man einen guten Blick auf die Hauptstraße von Metsovo.*

Links: *Aus Sicherheitsgründen wurde das Haus auf allen Seiten mit möglichst vielen, aber sehr kleinen Fenstern versehen.*

Links: *Im Garten, aus dem sich die Familie das ganze Jahr über mit frischem Gemüse versorgt, wachsen riesige Kohlköpfe.*

LINKS: *Ein orientalisches Gemälde auf Metall, ein alter Samowar und eine Schwertersammlung befinden sich im Eßzimmer in der ersten Etage.*

UNTEN LINKS: *Der kleine Zwischenboden über der Treppe dient gleichzeitig als Tisch. Krüge und Kupferteller stehen auf einem Fries aus poliertem Holz.*

RECHTS: *Der Eßbereich befindet sich neben dem Treppenabsatz im ersten Stock. Die Stühle aus den zwanziger Jahren sind mit einem Wollstoff bezogen, der in diesem Teil des Landes hergestellt wird. Eine Leiter führt hinauf zum Dachboden.*

Links: *Die Wohnzimmereinrichtung ist typisch für Nordgriechenland. Die Holzdecke weist Schnitzereien auf. Der offene Kamin, die langen niedrigen Sitzreihen, der Teppich und die große kupferne Kohlenpfanne verraten türkische Einflüsse, Doppelglasfenster dienen zur besseren Isolierung – eine zwingende Notwendigkeit in einer Region, in der Kälte und Schnee besonders häufig sind.*

Rechts: *Der Flur im ersten Stock mit seinem ausgebleichten Holzfußboden führt zum Schlafraum.*

Mitte rechts: *Die Spazierstöcke wurden von einheimischen Schäfern angefertigt.*

Ganz rechts: *Der reich verzierte Sessel stellt eine griechische Interpretation englischen Designs aus der Zeit der Jahrhundertwende dar. Die Motive auf dem Teppich sind charakteristisch für Epirus. Auf dem mit Einlegearbeiten verzierten Schränkchen stehen kleine Tintenfässer, wie sie umherziehende Schreiber während der türkischen Besatzung benutzten.*

Unten rechts, Mitte und ganz rechts: *Die Kissen auf den Bänken sind mit Webstoffen bezogen. Große Porträts und kleine Fotografien erinnern an wichtige Familienmitglieder.*

ALTMODISCHER CHARME

Das Haus der Familie Manessi steht auf einem großen Felsen inmitten einer fruchtbaren, hügeligen Landschaft. Von dort aus hat man einen wunderschönen Blick auf das Meer. Früher war das Gebäude das Kernstück eines riesigen landwirtschaftlich genutzten Anwesens, und auch heute noch wird es von den Nachkommen einer alten Familie bewohnt, die von Korfu stammt.

Das Haus erinnert an den venezianischen Stil und hat sich den malerischen Charme vergangener Zeiten bewahrt. Die verschiedenen Teile des Gebäudes entstanden zu unterschiedlichen Zeiten und sind durch Treppen, Stege und Veranden miteinander verbunden. Die kleine Privatkapelle, die dem Schutzheiligen der Familie geweiht ist, zeugt von der Vornehmheit der Familie.

OBEN: *Das Haus scheint geradezu aus der fruchtbaren Insellandschaft Korfus emporzuwachsen.*

LINKS: *Der gußeiserne Stuhl auf der Veranda stammt aus England.*

Links: *Eine steile Treppe führt hinauf zum Haupthaus, das auf den felsigen Untergrund abgestimmt ist.*

Links: *Das Alter des Hauses wird an den abbröckelnden Verputz- und Farbschichten der Außenwände sichtbar.*

OBEN: *Auf der Veranda kann man eine leichte Brise, die vom Meer herüberweht, und das schöne Panorama genießen.*

LINKS: *Töpfe aus Terrakotta sind auf der Gartenmauer nebeneinander aufgereiht.*

OBEN: *Die Kapelle liegt unmittelbar unterhalb des Haupthauses.*

LINKS: *In einem Raum der Nebengebäude wird Zubehör für die Bienenzucht aufbewahrt.*

Links: *Die griechisch-orthodoxe Kapelle wird auch heute noch für Familienfeiern benutzt.*

Rechts oben: *Ein Blumenkranz, der die Mutter Erde symbolisiert, wird nach alter Tradition am 1. Mai an die Eingangstür gehängt.*

Ganz rechts oben: *An den Wasserspeiern des neoklassizistischen Brunnens sind Gartenschläuche befestigt.*

Rechts Mitte: *Ein schmaler Steg verbindet das Haus mit einem der Nebengebäude.*

Ganz rechts Mitte: *Ein steinerner Torbogen führt in den alten Olivenhain.*

Rechts unten: *Die schweren Eingangstore der Kapelle sind mit Eisenkreuzen verziert.*

Ganz rechts unten: *Doppeltüren, die eine aus massivem Holz, die andere mit einem Einsatz aus leuchtendem Buntglas, bilden den Eingang zum Hauptgebäude.*

LINKS OBEN: *Der offene Kamin im Wohnraum ist von Familienporträts umrahmt.*

LINKS UNTEN: *Das Klavier in einem der kleinen Wohnzimmer zeugt von der musikalischen Tradition der Ionischen Inseln.*

RECHTS: *Der wuchtige Schreibtisch ist der Arbeitsplatz des Hausherrn.*

RECHTS MITTE: *Die Treppe, die hinauf zu den Schlafräumen führt, kann mit einem Holzdeckel verschlossen werden, so daß im unteren Stockwerk keine Wärme verlorengeht.*

GANZ RECHTS: *In der Küche befindet sich ein altmodischer Herd, der mit Kohle oder Holz geheizt werden kann. Terrakottafliesen schließen ihn zur Wand hin ab.*

UNTEN RECHTS: *Vor dem wunderschönen Spiegel, auf dem die Zeit deutlich sichtbare Spuren hinterlassen hat, steht ein Weihrauchgefäß aus einer Kirche.*

UNTEN RECHTS MITTE: *Unmittelbar hinter dem Wohnzimmer liegt ein verschließbarer Treppenaufgang aus weißgestrichenem Holz, der hinauf in die obere Etage führt.*

UNTEN GANZ RECHTS: *Die Eier auf dem Küchentisch sind gerade frisch vom Bauernhof geholt worden.*

Ein Amtssitz

Konstantin Frontzos, ehemals Bürgermeister von Ioannina, der Hauptstadt der Region Epirus im Norden Griechenlands, gehört zu den angesehensten Bürgern der Stadt. Seit seiner Kindheit lebt er in seinem Elternhaus im Zentrum von Ioannina. Die verzierten Decken, leuchtenden Farben und zahlreichen dekorativen Detailarbeiten, die ausnahmslos türkischen Einfluß verraten, wurden liebevoll instand gehalten.

Oben: *Zahlreiche kleine Läden und Werkstätten im Zentrum von Ioannina stehen in der Tradition der orientalischen Bazare.*

Links: *Das Stadthaus erreicht man durch einen überdachten Gang, der an einer Seite offen ist.*

Links: *Konstantin Frontzos im Büro seines Hauses: Die beiden Fernsprecher zeugen vom noch heute arbeitsreichen Leben des früheren Bürgermeisters.*

Ganz oben: *Die in kräftigen Farben bemalte und mit Schnitzereien geschmückte Schranktür ist mit Gold verziert.*

Oben: *Das Kohlebecken aus Kupfer, ein »Mangali«, wurde früher zum Heizen des Raumes benutzt.*

Ganz oben: *Der Kronleuchter aus Muranoglas hängt in einem der Schlafzimmer.*

Oben: *Die Decke des Eßzimmers ziert eine in leuchtenden Farben bemalte holzgeschnitzte Rosette.*

Rechts: *Dicke buntgemusterte Wollstoffe bedecken die breiten niedrigen Bänke im Hauptschlafraum. Man kann sie als Sofas oder auch als Betten nutzen. Zwischen ihnen befindet sich der verzierte Steinkamin. In einigen der phantasievoll gestalteten Nischen stehen dazu passende Krüge.*

Ein neoklassizistisches Gebäude

Auf Paros – wie auch auf vielen anderen Kykladeninseln – findet man häufig noch elegante neoklassizistische Bürgerhäuser, die Ende des vorigen Jahrhunderts erbaut wurden.

Das geräumige Haus im Zentrum der Hauptstadt, umgeben von einem Garten mit Zitronenbäumen, ist das schönste Beispiel des eleganten neoklassizistischen Stils auf der ganzen Insel. In den großzügig geschnittenen Räumen stehen Möbel, die vom Festland importiert wurden und den Geschmack des städtischen Bürgertums im späten 19. Jahrhundert widerspiegeln.

Oben: *Die kräftigen Farben der neoklassizistischen Häuser heben sich deutlich ab von den einfachen weißgetünchten Gebäuden in ihrer Umgebung.*

Links: *Der neoklassizistische Ziergiebel dieses Hauses auf Paros ist einem Tempel nachempfunden.*

Links: *Hunderte von kleinen Kapellen befinden sich auf der Insel. Die blaue Kuppel dieser Kapelle soll den Himmel symbolisieren. Die Stämme der Hibiskusbäumchen sind zum Schutz vor Insekten weiß gestrichen.*

OBEN: *In der Diele hängen Strohhüte an einer Steinwand, die in einem Trompe-l'œil-Muster bemalt ist.*

LINKS: *Die Eingangstür des Hauses ist mit eingesetztem Buntglas verziert.*

OBEN RECHTS: *Der Dielenboden ist mit gemusterten Keramikfliesen ausgelegt.*

OBEN RECHTS MITTE: *In einer hübschen Nische steht eine Vase mit Flieder.*

OBEN GANZ RECHTS: *Der hölzerne Dielenboden im Obergeschoß ist stark ausgebleicht.*

UNTEN RECHTS: *Im Eßzimmer stehen echte Bugholzstühle.*

UNTEN RECHTS MITTE: *Diese bemalte Decke befindet sich in einem der Empfangsräume.*

UNTEN GANZ RECHTS: *Hohe Türen führen in die Vorratskammer.*

OBEN: *Die Samtvorhänge im größten Wohnzimmer werden mit einer Baumwollkordel zusammengehalten.*

GANZ LINKS: *Ein altmodisches Sofa und ein Clubsessel stehen auf dem Terrazzoboden eines kleineren Wohnzimmers im Erdgeschoß.*

LINKS: *Der in die Wand eingebaute Kleiderschrank mit der großen Schublade ist typisch für viele griechische Häuser.*

UNTEN GANZ LINKS: *Polstermöbel, schwere Vorhänge, ein schöner alter Teppich und die mit Schablonenmalerei geschmückte Decke im Hauptwohnzimmer haben die Zeiten überdauert.*

LINKS: *Das berühmte Mäandermotiv wiederholt sich in den hübschen Deckenfriesen.*

RECHTS: *Die Läden an den hohen Fenstern lassen sich von innen schließen.*

OBEN: *Die weiße Marmorspüle samt Abstellfläche, die große Abzugshaube über der Kochecke und die weißen Keramikfliesen an den Wänden prägen diese im alten Stil gehaltene Küche.*

LINKS: *Im Hinterhof des Hauses wachsen Zitronenbäume.*

GANZ LINKS: *Auf der marmornen Abstellfläche neben der Spüle steht eine Schale mit frisch gepflückten Zitronen. Die Insel Paros ist schon seit der Antike für die hohe Qualität ihres Marmors berühmt.*

Ländlicher Stil

Dieses einfache Haus im rustikalen Stil wurde 1617 gebaut und gehört seitdem der Familie Laskaris. Es befindet sich in San Marko, einem winzigen, malerischen Fischerdorf auf Korfu, und liegt hoch oben auf einem Hügel, inmitten von Olivenhainen, Orangenbäumen und Weingärten.

Die jetzigen Bewohner, Nachkommen der ursprünglichen Besitzer, lebten zuerst in Kerkyra, der Hauptstadt der Insel, und hielten sich in diesem Haus nur am Wochenende auf. Inzwischen sind sie pensioniert und ganz nach San Marko gezogen, wo sie sich endlich ihrer Liebe zu ländlichen und häuslichen Traditionen widmen können.

OBEN: *Das Dorfhaus erreicht man durch eine schwere Holztür in einer Steinmauer.*

LINKS: *Die Fassade mit Blick auf das Meer liegt halbversteckt hinter üppigen Kletterpflanzen, Bäumen und Sträuchern. Arkade, Hochterrasse und Terrakottadach verraten venezianische Einflüsse.*

Links: *Der Innenhof ist mit Natursteinen gepflastert. Die Tür führt in eine kühle Vorratskammer.*

LINKS: *Uralte Weinstöcke umrahmen einen der kleinen Zugänge, die in die dicken Mauern des Hauses eingelassen sind.*

RECHTS: *Die üppigen tropischen Pflanzen hinter dem Haus sorgen dafür, daß dieser Teil des Gartens immer angenehm schattig ist.*

MITTE RECHTS: *Die hohen gußeisernen Stühle auf der Terrasse waren ursprünglich Teile eines Treppengeländers.*

GANZ RECHTS: *Durch die verspielten Weinranken wirkt die Arkade noch romantischer.*

UNTEN RECHTS: *Auf der Veranda steht ein Tongefäß, das von einem einheimischen Künstler angefertigt wurde.*

UNTEN RECHTS MITTE: *Ein riesiger Tonkrug, in dem früher Olivenöl aufbewahrt wurde, schmückt heute den Innenhof.*

UNTEN GANZ RECHTS: *Auf einem zierlichen Stuhl neben den blühenden Geranien liegt ein Kissen, das die Form eines Rosenbouquets hat.*

Links: *Im Sommer benutzt man den einfachen Tisch und die schlichten Bänke auf der Veranda für Mahlzeiten im Freien.*

Links: *Die Querbalken an der Holzdecke und die dunklen Bodendielen geben dem Wohnzimmer eine ganz besondere Note.*

RECHTS: *Flaschen und Fässer mit hiesigem Wein, Krüge mit Olivenöl und frische Landschinken werden im kühlen Keller aufbewahrt.*

RECHTS: *Über den fein säuberlich aufgestellten Gläsern mit Marmelade und Eingemachtem hängen alte Eisenschlüssel an einer langen Kette.*

Familienbande

Die Galatis gehören zu den ältesten und bekanntesten Familien auf Mykonos. Schon Generationen von ihnen haben in dem hübschen Dorfhaus auf der Insel gewohnt. Die engen Familienbande des heutigen Besitzers finden ihren Ausdruck in dem Marmorbrunnen, den er zum Andenken an seine Mutter bauen ließ.

Seit dem Tod der Mutter ist an dem Haus nichts verändert worden. Auch die altmodischen Möbel, die antiken Spitzen und die zahlreichen Nippesgegenstände, denen man überall im Haus begegnet, halten die Erinnerung an die Verstorbene wach.

OBEN: *Üppige Weinreben schmücken die Terrasse des Dorfhauses.*

LINKS: *Den dekorativen Brunnen neben der Eingangstür ließ der Hauseigentümer zur Erinnerung an seine Mutter bauen.*

LINKS: *Ein Schlafzimmer im ersten Stock führt auf die Terrasse.*

Oben: *In einer Ecke des Zimmers steht ein Frisiertisch, schräg darüber hängt ein Familienporträt im naiven Stil.*

Links: *Der verzierte offene Eckkamin aus Marmor ist geweißt. In die Balkontür sind abwechselnd blaue und weiße Glasscheiben eingesetzt.*

OBEN: *In dem antiken Spiegel über dem mit Perlmuttarbeiten verzierten kleinen Sekretär im Wohnzimmer spiegelt sich eine alte Öllampe.*

OBEN RECHTS: *Ein Krug und eine Schüssel aus Porzellan, die man früher zum Waschen benutzte, schmücken heute den Flügel.*

RECHTS: *Spiegel an allen Wänden des Wohnzimmers symbolisieren den Wohlstand der Familie.*

Oben: *In der Eßküche des Hauses ziert eine Tellersammlung die Wand über der Spüle.*

Rechts: *Der kleine Stieltopf, in dem man Kaffee zubereitet, das Weihrauchgefäß und die Essig- und Ölfläschchen finden sich in jedem traditionellen griechischen Haushalt.*

EIN TERRASSENHAUS

Die bewegte Geschichte von Hydra ist geprägt von Piraten, Seeleuten und Schiffseigentümern. Hydra ist eine wunderschöne Insel, auf der viele alte Familien verwurzelt sind. Das schlichte weiße Haus hoch über dem Hafen gehörte einst einem Schiffskapitän.

Auf rauhem, felsigem Untergrund erbaut, weist das Haus zahlreiche kleine Terrassen auf, die allesamt von der Natur geformt wurden. Im Inneren des Hauses sind Möbel, die auf der Insel hergestellt wurden, mit Stilmöbeln aus dem Ausland kombiniert.

OBEN: *Vom Kapitänshaus hat man einen eindrucksvollen Blick auf den Hafen von Hydra. In den prunkvollen Häusern direkt am Wasser lebten früher Piraten.*

GANZ LINKS UND LINKS: *Die Fenster in den dicken Wänden haben Läden, die sich von innen schließen lassen.*

Oben: *Auf Steinstufen, die in den Felsen gehauen sind, liegen Aprikosen zum Trocknen in der Sonne.*

Links: *Die Eingangstür führt auf eine breite Terrasse mit Steinfliesen hinaus. Von hier aus hat man einen Blick auf die Ziegeldächer des Dorfes.*

Links: *Sonnenstrahlen malen weiche Muster auf einen Korbstuhl.*

Rechts oben: *Kleine Fenster unterbrechen die schlichte Fassade auf der Meerseite.*

Ganz rechts oben: *Halbrunde Stufen führen zur Eingangstür.*

Mitte rechts: *Von einer Terrasse eröffnet sich der Blick auf den Berg.*

Mitte ganz rechts: *Über einen schmalen Weg gelangt man in den schattigen Innenhof.*

Unten rechts: *Das leuchtende Purpur der Bougainvillea hebt sich wirkungsvoll von den Pastelltönen der felsigen, sonnenverbrannten Landschaft ab.*

Unten ganz rechts: *Auf der Terrasse, die von hohen Mauern umgeben ist, stehen zierliche Möbel aus weißlackiertem Gußeisen. Hier kann man im Sommer die Nacht unter dem klaren Sternenhimmel verbringen.*

GANZ LINKS: *Der glatte Steinfußboden hält die Innenräume zusätzlich kühl. Das Sofa wurde auf der Insel angefertigt.*

LINKS: *Wer sich auf dieses Kissen an der Eingangstür setzt, genießt die wunderschöne Aussicht sogar noch beim Telefonieren.*

UNTEN GANZ LINKS: *Das Tellerbord an der Wand ist ein hübscher Blickfang in der renovierten Küche.*

UNTEN MITTE LINKS: *Eine schmale steile Treppe führt hinauf in das große Wohnzimmer im oberen Stockwerk.*

UNTEN LINKS: *Das Wohnzimmer liegt direkt unter dem unverkleideten Holzdach und ist nur spärlich möbliert. Früher diente es als Speicher.*

RECHTS: *Die Bogenfenster in den dicken Mauern, der dunkle Holzboden, die Deckenbalken und die schlichten weißen Wände des Schlafzimmers erinnern eher an einen Klosterraum. Das Bugholzbett ist ein ausgezeichnetes Beispiel für den Thonet-Stil der Jahrhundertwende.*

Glanzvolle Vergangenheit

Nauplion, das antike Nauplia, eine Stadt an der Peloponnesküste, war von 1829 bis 1834 die Hauptstadt Griechenlands. Die zahlreichen neoklassizistischen Gebäude aus dem 19. Jahrhundert erinnern an den aristokratischen Glanz der Vergangenheit.

Das majestätische dreigeschossige Haus wurde ursprünglich für eine der wichtigsten Familien der Stadt gebaut. Es liegt am größten Platz von Nauplion, mit Blick auf den Hafen. Über die Jahre hat sich an dem Haus nur wenig verändert, abgesehen davon, daß immer mehr malerische Erinnerungsstücke und Gegenstände zusammengetragen wurden, die an die Vergangenheit der Familie erinnern.

OBEN: *Das neoklassizistische Haus liegt unmittelbar an dem größten öffentlichen Platz von Nauplion. Fensterläden schützen das Innere des Gebäudes vor der Hitze und dem grellen Tageslicht.*

LINKS: *Im Erdgeschoß befinden sich die Vorratsräume.*

LINKS: *Eine elegante Wendeltreppe verbindet die beiden bewohnten Etagen des Hauses.*

Oben: *Sämtliche Deckenfelder in dem großen Empfangsraum sind mit verschiedenartigen Blumenmotiven bemalt.*

Links: *Unterschiedliche Stilrichtungen sind in der ausgewählten Einrichtung des Wohnzimmers geschmackvoll miteinander kombiniert.*

Oben rechts, Mitte und ganz rechts: *Persönliche Erinnerungsstücke, Werke alter Meister, antikes Silber und Kristallkaraffen sind überall im Raum zu bewundern.*

Unten rechts: *Das Klavier gehörte früher zu den unverzichtbaren Einrichtungselementen eines Bürgerhauses.*

Unten rechts Mitte: *Eine einfache Glühbirne hängt in der Diele vor dem Wohnzimmer. Die Wandverkleidung wurde mit einem Trompe-l'œil-Marmormuster bemalt.*

Unten ganz rechts: *Auf der Anrichte stehen Gegenstände des täglichen Lebens.*

Links: *In dem reizenden pastellrosa Schlafzimmer herrscht eine malerische Unordnung. Lange Stoffbahnen dienen als Vorhänge. Der Holzfußboden ist abgenutzt, die einzige künstliche Lichtquelle im Zimmer ist eine winzige Hängelampe.*

RECHTS: *In einem anderen Schlafzimmer steht ein antiker Samowar auf einem weißen Keramikofen. Das Zimmer wirkt verwohnt, dabei aber gleichzeitig äußerst romantisch.*

LINKS: *In dem kleinen Raum neben der Küche stehen frisch gestrichene Vorratsschränke.*

UNTEN LINKS: *Die Plastikschüssel und das alte Metallsieb in der Küche werden noch heute benutzt.*

RECHTS: *Die Haushälterin sitzt am Küchentisch und liest die lokale Tageszeitung. Früher wurde mit Holz oder Kohle gekocht, heute benutzt man Propangas. Über dem Küchentisch hängt eine einfache Ausführung des traditionellen griechischen Tellerbords.*

Η ΚΑΘΗΜΕΡΙΝΗ
ΠΡΟΕΔΡΟΛΟΓΕΙ ΤΩΡΑ
ΚΙ Ο ΠΡΩΘΥΠΟΥΡΓΟΣ
ivi

Ein Holzhaus

Das geräumige Wohnhaus in Metsovo gehört einem Sammler von Volkskunst und wurde unter Berücksichtigung der dörflichen Architektur sorgfältig restauriert. Da sich in der Nähe des Dorfes große Wälder befinden, ist Holz im Überfluß vorhanden; es ist daher das beliebteste Baumaterial. Die größten Empfangsräume des Hauses wurden mit einem verglasten Balkon erweitert, der hoch über der Straße aus dem Gebäude herausragt.

OBEN: *Die Porzellanfigurinen aus dem 19. Jahrhundert stellen den König und die Königin von Griechenland in der Nationaltracht dar.*

LINKS: *Die beiden übereinanderliegenden verglasten Balkone mit ihren vielen Fenstern wurden zur Erweiterung der Innenräume angebaut.*

RECHTE SEITE: *Nach orientalischer Tradition hängen buntgemusterte Stoffe an den Wänden und bedecken die gemauerten niedrigen Sitzreihen. Sie werden auch zu Kissenbezügen verarbeitet. Die Farben und Muster dieser gewebten Wollstoffe sind typisch für die Region Epirus.*

RECHTS: *Die Kassettendecke im größten Raum des Hauses wurde in der Naturfarbe belassen.*

GANZ RECHTS: *Ein gehämmertes Kupfertablett auf einem Ständer in der Nähe des Kamins dient als niedriger Tisch.*

UNTEN RECHTS: *Im Vorratsraum werden Bergkräuter auf einfachen Kieferregalen getrocknet. In einigen Fächern steht rustikales Keramikgeschirr.*

Links: *Die doppelreihigen Fenster über der gepolsterten niedrigen Sitzreihe, die sich über die ganze Zimmerseite erstreckt, sind sehr ungewöhnlich.*

VOLKS-TÜMLICHE HÄUSER

Die schlichten volkstümlichen Gebäude, die noch immer in Griechenland zu

Das griechische Dorf, die »Hora«, bestand ursprünglich nur aus einer Häusergruppe, die oben auf einem Hügel lag, meist in der Nähe einer Festung, die den Einheimischen Schutz vor Eindringlingen bot.

In den weißen Inseldörfern stellen die kleinen Kapellen mit ihren runden blauen Kuppeln belebende Farbtupfer dar. Schmale Eselspfade, von Kieselsteinen oder großen weißgestrichenen Steinen gesäumt, winden sich durch die Dörfer.

finden sind, auf dem Festland wie auf den Inseln, wurden früher von Bauern

Winzige Häuser mit vorspringenden Holzbalkonen und steinernen Außentreppen stehen eng verschachtelt nebeneinander.

Auf dem Festland, vor allem im Norden Griechenlands, bildet die Feuerstelle den Mittelpunkt eines jeden Hauses. Sie ist der einzige Wärmespender in dem großen Wohnzimmer, der »Sala«, das zugleich auch als Schlafzimmer dient. Nach alter Tradition sind auf beiden Seiten des Ofens Matratzen ausgelegt. Auf den Inseln ist das Schlaf-

und Fischern bewohnt. Sie haben ihre Bescheidenheit bis heute bewahrt.

zimmer von den übrigen Räumen abgetrennt. Das Bett wird als Heiligtum betrachtet und stolz mit den schönsten Wäschestücken und Stickereien geschmückt.

GEGENÜBERLIEGENDE SEITE: *Rustikale Klappstühle stehen unter einem Regalbrett mit volkstümlichen Drucken.*

DIESE SEITE: *Das volkstümliche Haus in Griechenland besteht aus Stein, Holz oder Gips und strahlt einen zeitlosen, schlichten Charme aus.*

Dem rauhen Klima ausgesetzt

In der Nähe der albanischen Grenze, im Norden von Epirus, findet man zahlreiche kleine Dörfer, die aus der Zeit der türkischen Herrschaft stammen. Die Häuser sind oft viele hundert Jahre alt, und sie waren und sind dazu bestimmt, die Menschen vor der rauhen Witterung zu schützen. In diesen Dörfern besteht alles aus Stein, die Dorfwege ebenso wie die Mauern und Dächer der Häuser, die bewußt auf die eintönige zerklüftete Landschaft abgestimmt sind.

Wie in anderen Dorfhäusern verraten auch die Zimmer dieses Hauses in Monodendri türkische Einflüsse. Dies gilt vor allem für die bemalten Decken, farbenprächtigen Stoffe und stuckverzierten Kamine, die nicht nur reizvoll aussehen, sondern auch dem strengen Bergklima zu trotzen vermögen.

OBEN: *Monodendri ist ein kleines Bergdorf nördlich von Ioannina, der Hauptstadt von Epirus.*

LINKS: *Dach und Wände des großen Hauses bestehen einzig aus Steinen, wie fast überall in dieser Region. Nur die Räume im ersten Stock wurden von der Familie bewohnt, im Erdgeschoß befanden sich Ställe und Vorratskammern.*

Links: *Das Dachgesims ist ebenfalls aus Stein gemeißelt. Beim Bau der Mauern wurde kein Zement benutzt.*

Links: *Die schmale Spur in der Mitte des alten Steinweges ist gerade breit genug für die Eselskarren, die früher durch die Dörfer zogen. Die würfelförmigen Steine neben den Eingängen dienen als Sitzbänke.*

GANZ LINKS: *Im Eingangsbereich des Hauses führt eine Treppe hinauf zu den Wohnräumen. Holzwände trennen die Vorratskammern im Erdgeschoß ab.*

LINKS: *Die Küche befindet sich oberhalb der Stufen.*

UNTEN GANZ LINKS: *Die dicken Wände und die kleinen, mit Eisenstäben gesicherten Fenster sind charakteristisch für die Bauweise in dieser Gegend.*

UNTEN LINKS: *Holzläden schützen die Innenräume vor Kälte.*

RECHTS: *Rustikale Steinkamine mit einem doppelten Sims finden sich häufig in den volkstümlichen Häusern dieser Region.*

Links: *Die Wandverkleidung aus Holz ist mit dekorativen Mustern bemalt. Die jetzigen Bewohner haben ein Familienfoto hinzugefügt.*

Links Mitte: *In die Wandverkleidung in einem der Schlafzimmer im ersten Stock sind ein Kleiderschrank, ein Fenster mit Läden, die man von innen schließen kann, sowie eine Tür eingebaut.*

Links unten: *Eine im Folklorestil bemalte Truhe steht in der Diele, deren Boden aus dicken, verschieden großen Steinen zusammengesetzt ist.*

Rechts: *Dieses Schlafzimmer im orientalischen Stil teilen sich mehrere Familienmitglieder.*

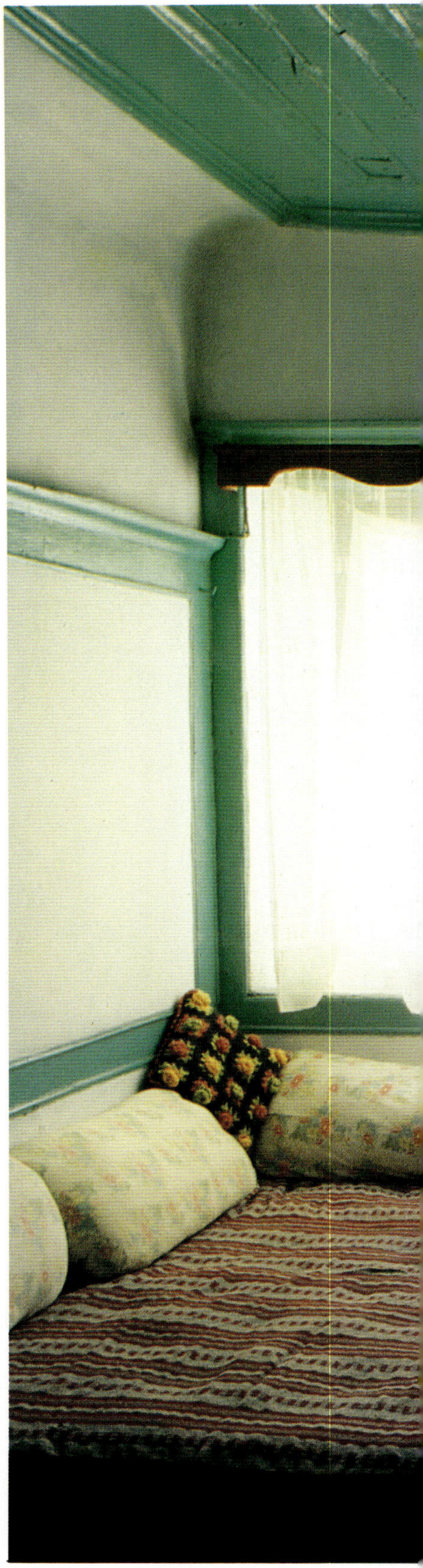

RECHTS: *In einem der Schlafzimmer wurde ein zusätzliches Bett aufgestellt. Große Stofftücher verdecken während der warmen Jahreszeit den offenen Kamin.*

RECHTS: *Die kleine Küche mit ihren leuchtend roten Wänden, der gelben Gasflasche, der türkisfarbenen Steinspüle und dem buntgemusterten Wachstuch strahlt Spontaneität und Lebensfreude aus.*

Links: *Eckfenster kennzeichnen die Architektur in dieser Region. Auf dem Bett liegt ein roter Flokati, ein Hirtenteppich.*

Eine Hügelidylle

François und Josette Sommaripas, ein griechischer Journalist und seine Frau, eine französische Weberin, zogen vor etwa fünfzehn Jahren auf die Kykladeninsel Seriphos. Das Ehepaar lebt in einem Dorfhaus, das auf einem Hügel liegt und fast das ganze Jahr hindurch dem rauhen Nordwind ausgesetzt ist. Die ursprüngliche Struktur des Hauses, das einst das Refugium des berühmten griechischen Kriegsfliegers Nikos Primikyris war, ist kaum verändert worden.

Oben: *Aus der Vogelperspektive erkennt man deutlich, daß das Haus um einen Innenhof und eine Terrasse herum gebaut wurde.*

Links: *Die Außenwand schützt das Gebäude vor dem Wind und grenzt es gegenüber dem abschüssigen Gelände ab. Die in die Wand eingelassenen Fenster bieten einen malerischen Ausblick auf die Landschaft unterhalb des Hauses.*

Links: *An einem Ende des Hauses, direkt hinter der Terrasse, befindet sich ein altes Taubenhaus. Dessen Form ist charakteristisch für die Bauweise auf Seriphos.*

Links: *Das auf dem Felsen erbaute Haus erreicht man durch einen engen Hof. Die Stufen, die zu einem öffentlichen Fußweg gehören, führen hinauf in das Arbeitszimmer des Hauses.*

OBEN: *Wenn er nicht benutzt wird, kann der alte Backofen in der winzigen Küche durch eine Tür abgetrennt werden.*

OBEN LINKS: *Antiquitäten aus dem 19. Jahrhundert bilden in dem ansonsten schlichten Schlafzimmer einen reizvollen Kontrast.*

LINKS: *François Sommaripas hat in dem Haus ein Arbeitszimmer eingerichtet.*

RECHTE SEITE: *Auf der Marmorplatte des Eßzimmertisches ist eine alte Kaffeemühle befestigt. Die handgefertigten Stühle sind typisch für Griechenland.*

Ländlicher Charme

Außerhalb der Stadt Rhodos gibt es zahlreiche kleine Dörfer, in denen ältere Menschen noch ganz in der Tradition ihrer Vorfahren leben.

In Lahania, einem dieser kleinen Dörfer, hat eine alte Frau alles, was ihr lieb und teuer ist, liebevoll im Wohnzimmer ihres kleinen Hauses aufgestellt.

Oben: *In ihrem Rosengarten bietet die alte Frau in ihrer traditionellen dunklen Kleidung ein Bild heiterer Ruhe.*

Links: *Ein Torbogen führt in den Rosengarten.*

OBEN: *Neben dem Haus befindet sich ein Ofen zum Brotbacken.*

OBEN LINKS: *Stickereien, Spitzen und religiöse Bildchen sind fein säuberlich auf den Wänden des Wohnzimmers verteilt. Der Stützbogen, der das Haus unterteilt, charakterisiert die Architektur der Dodekanesinseln.*

UNTEN LINKS: *Im Gegensatz zu dem Wohnzimmer macht das Schlafzimmer der Familie mit den zerwühlten Betten und den willkürlich aufgehängten Bildern einen eher unordentlichen Eindruck.*

Ein traditionelles Bauernhaus

Dieses Haus, das im Jahre 1780 auf der Insel Ägina von Georgis Bulgari, dem Gouverneur der benachbarten Insel Hydra, erbaut wurde, trägt den Namen Perivola. Es befindet sich auf einer alten archäologischen Stätte und ist Teil einer großen Pistazienplantage. Ägina ist weltberühmt für seine Pistazien. Das Gebäude gehört zu den ältesten Bauwerken der Insel und ist seit dem 18. Jahrhundert unverändert geblieben.

OBEN: *Die Rundbogentür und das Küchenfenster des Bauernhauses sind rot gestrichen.*

LINKS: *Eine riesige Bougainvillea im Hof verdeckt fast die gesamte Hauswand.*

RECHTS: *Eines der Eingangstore zu dem Anwesen ist mit einem großen alten Riegel gesichert.*

Ganz oben: *Der Kranz aus getrockneten Blumen über der Eingangstür soll Glück bringen.*

Oben: *Der Flur ist mit einem Steinfußboden ausgelegt. Die rustikale Treppe führt hinauf zu den Schlafzimmern.*

Rechts: *Das Bild eines alten Meisters, das eine alte griechische Frau darstellt, hebt sich von der weißgetünchten Wand ab.*

Oben: *Kissen mit traditionellen Webmustern liegen auf einem Sofa, das auf der Insel hergestellt wurde.*

Links: *Das Wohnzimmer des Bauernhauses ist schlicht, aber elegant eingerichtet.*

RECHTS: *Das Badezimmer mit den rosafarbenen Fliesen ist erst in jüngster Zeit eingebaut worden.*

GANZ RECHTS: *Im Schlafzimmer steht ein Holzkästchen auf einer mit Gravuren verzierten Truhe, die ein Läufer ziert.*

UNTEN RECHTS: *Wie in vielen griechischen Häusern brennt vor einem kleinen Altar mit Ikonen eine Öllampe.*

LINKS: *Das größte Schlafzimmer wird mit einem Ofen beheizt. Der Dielenboden und die Holzdecke sorgen dafür, daß es im Zimmer angenehm warm bleibt.*

ELEGANTES AMBIENTE

Im 19. Jahrhundert gehörte dieses schlichte Haus auf der Insel Hydra einem Seemann. Inzwischen hat es ein junger Restaurateur, der hier seinen ständigen Wohnsitz hat, wieder instand gesetzt.

Das Haus liegt auf einem Hügel hoch über dem Hafen. Zu dem Gebäude gehören ein hübscher kleiner Innenhof und eine große Terrasse. Die dicken weißgetünchten Steinwände, die Dielenböden und die bemalten Holzdecken sind Überbleibsel aus der Vergangenheit. Doch die sorgfältig ausgewählten Möbel vermitteln zeitgenössische europäische Eleganz.

OBEN: *Die Häuser auf den felsigen Hügeln von Hydra bieten einen malerischen Anblick.*

LINKS: *Diese alte Klinke befindet sich an der Eingangstür des Hauses.*

LINKS: *Auf der Terrasse lädt eine weiße Baumwollhängematte zum Träumen ein. Von hier aus hat man einen überwältigenden Ausblick. Auf dem runden Tisch steht nach alter Tradition ein Topf mit duftendem Basilikum.*

LINKS: *Der üppig bepflanzte Innenhof kontrastiert mit der trockenen, ausgedörrten Landschaft, die das Haus umgibt.*

OBEN: *Französische Türen führen von der Küche in den Innenhof.*

RECHTS: *Die Eßküche ist mit einem Fußboden aus gestrichenem Zement ausgestattet. An der Decke befinden sich dunkle, freiliegende Querbalken. Wasser wird in einer Steinzisterne gelagert. Ein Keramikofen beheizt das Zimmer.*

OBEN: *Altes Leinen mit Spitzenverzierung dient als Vorhang an der Schlafzimmertür.*

RECHTS: *Die leuchtendblauen Läden bleiben tagsüber geschlossen, um das Licht in dem ganz in Weiß gehaltenen Schlafzimmer zu dämpfen.*

Oben: *Über dem Treppenabsatz im ersten Stock hängt eine alte Lampe von der bemalten Holzdecke.*

Links: *Über dem Messingbett im spärlich möblierten Schlafzimmer hängt ein großes Moskitonetz.*

ORIENTALISCHE EINFLÜSSE

Die Moscheen und Minarette im alten Viertel von Ioannina in der Region Epirus stammen noch aus der Zeit der türkischen Fremdherrschaft. Von den einst so zahlreichen Häusern, die vom orientalischen Stil geprägt waren, sind heute nur wenige übriggeblieben.

Ioannina wurde erst 1913 von den Türken befreit. Das große Haus, das noch aus der Zeit der Unterdrückung stammt, diente einst als Wohnstätte für den Harem des Besitzers. Heute wird es von einem Wachmann und seiner Familie bewohnt.

OBEN: *Das Haus gehört zu den wenigen erhaltenen Gebäuden im türkischen Stil.*

LINKS: *Das kleine Modell des Hauses hat der Wachmann selbst angefertigt.*

LINKS: *Das Zentrum von Ioannina beherrscht eine Moschee mit einem Minarett. Sie wurde erbaut, als die Stadt unter moslemischer Herrschaft stand.*

LINKS: *Der minarettartige Glockenturm einer Kirche in der Nähe von Ioannina bezeugt ebenfalls den großen Einfluß der orientalischen Architektur in diesem Teil Griechenlands.*

OBEN: *Ein breiter Torbogen führt auf die überdachte Terrasse im Erdgeschoß. An dem kleinen Tisch wird Kaffee getrunken.*

RECHTS: *Durch das malerische alte Fenster blickt man auf einen Vogelkäfig im Innern des Hauses.*

OBEN: *Das schwere Holztor mit Metallbeschlägen trennt das Haus von der Straße ab. Auf dem ovalen Schild steht der Name der Eigentümer.*

LINKS: *Von der überdachten Terrasse im Erdgeschoß führen breite Stufen in den Keller. In dem Terrakottakrug wird Olivenöl aufbewahrt.*

RECHTS: *In dem überdachten Gang unterhalb des Erdgeschosses hängt Wäsche zum Trocknen aus.*

OBEN: *Das familiäre Zusammenleben konzentriert sich in diesem Haus auf einen einzigen Raum, in dem zwei Welten aufeinandertreffen. Ein moderner Gasofen steht vor dem türkischen Kamin. Neben der orientalischen Sitzreihe hat man ein neues Sofa aufgestellt, und ein Elektrokabel verläuft quer über die Holzdecke.*

Am Ende der Welt

Das Steinhaus südlich von Thessaloniki (Saloniki) in der Region Makedonien trägt den Namen »Elia«, »Oliven«. Es befindet sich am Ende der Halbinsel Sithonia in dem Dorf Nikiti. Unmittelbar auf der felsigen Küste erbaut, vermittelt das Haus den Eindruck, als befände es sich am Ende der Welt.

Für Maro Laja, der mit moderner Kunst handelt, ist das ehemalige Fischerhaus ein Refugium, wenn er der Zivilisation entfliehen will. Hier findet er Einfachheit und Ursprünglichkeit. Das Gebäude ist nur mit dem Nötigsten ausgestattet, man findet hier nichts als Tische, Stühle und Betten.

Oben: *Von der Terrasse aus hat man freie Sicht auf das Meer und die felsige Küste.*

Links: *Mit seinen winzigen Fenstern sieht das Gebäude aus wie eine Festung, die den Elementen trotzen will.*

Rechte Seite: *Wie ein Wachturm ragt das Haus am Ende der Halbinsel empor.*

OBEN: *Eine Matratze mildert die Härte der Steinbank vor dem Haus.*

RECHTS: *In den Wänden des zum Meer gelegenen Schlafzimmers befinden sich schlitzförmige Fenster. Die Schlichtheit des Raums erinnert an eine Klosterzelle.*

UNTEN RECHTS: *Das größte Schlafzimmer im Haus verfügt über den besonderen Luxus eines Kamins.*

Oben: *Die Granatäpfel auf dem Tisch muten wie ein stimmungsvolles Stilleben an.*

Links und links unten: *Die Holzhütte in der Nähe des Hauses kann im Sommer auch als zusätzlicher Schlafraum genutzt werden.*

Oben: *Eine altertümelnde Öllampe, die inzwischen mit Strom betrieben wird, verbindet Vergangenheit und Gegenwart miteinander.*

Links oben: *Im geräumigen Erdgeschoß des Hauses befinden sich ein Wohnraum und ein leicht erhöht liegender Schlafraum. Die weißen Baumwollvorhänge können zugezogen werden, so daß der Wohnraum völlig abgetrennt ist.*

Links unten: *Im Winter wird das Erdgeschoß nur mit einem primitiven Eisenofen beheizt.*

OBEN UND RECHTS: *In der Küche mit ihrer Arbeitsfläche aus Schiefer und dem tiefliegenden Fenster bietet allein der kleine Gaskocher modernen Komfort.*

REIZVOLLE FRISCHE

Das zweigeschossige, würfelförmig geschnittene Haus auf Mykonos ähnelt zahlreichen Gebäuden auf dieser Insel. An einer engen Straße gelegen, hebt es sich kaum von seinen Nachbarhäusern ab. Ein neuer, stabiler Zementbalkon hat den romantischen alten aus Holz ersetzt – auch hier hat der Fortschritt gesiegt.

Trotz der getäfelten Holzdekken und der anderen geschmackvollen Attribute, die dem Inneren des Hauses eine bürgerliche Eleganz verleihen, ungeachtet auch der phantasievollen Inneneinrichtung hat sich das Gebäude den Reiz urtümlicher Leichtigkeit und Frische bewahrt.

OBEN: *Auf Mykonos liegt der Hauptteil des Dorfes am Hafen. Die Insel ist berühmt für ihre Windmühlen.*

LINKS: *Fensterrahmen, Fensterläden und Eingangstür sind bei diesem Dorfhaus grau gestrichen. Grau ist die traditionelle Farbe von Mykonos.*

LINKS: *Im Innern des Hauses sind alle Farben harmonisch aufeinander abgestimmt. Die Wände sind in weichem Pastellweiß gehalten, der Schieferboden ist mattgrau, die gußeiserne Öllampe, das Treppenhaus, die Türrahmen und die Decke sind blaßgrau.*

LINKS: *In der Mitte der getäfelten Decke mit den zweifarbig gestrichenen Querbalken befindet sich eine Deckenrosette, die eigentlich für Nordgriechenland typisch ist.*

MITTE GANZ LINKS: *In dem winzigen Schlafzimmer steht ein traditionelles Kupferbett.*

MITTE LINKS: *Eßzimmer und Wohnraum schließen unmittelbar aneinander an. Auf den beiden Tischen liegen dekorative Häkeldecken.*

UNTEN GANZ LINKS: *Eine Votivlampe hängt über dem antiken vergoldeten Spiegel im Wohnraum.*

UNTEN LINKS: *In einem Vitrinenschrank, der im Folklorestil bemalt ist, steht blauweißes Porzellan.*

RECHTS: *Die Vorratskammer ist ganz in Weiß gehalten. Der Boden besteht aus Schieferplatten. In dem Wandschrank befindet sich das Geschirr, eine Spitzenborte schmückt das Wandbord, und in den riesigen Tonkrügen wird Olivenöl aufbewahrt.*

Ein Inselversteck

Ursprünglich war das bescheidene kleine Haus auf der Kykladeninsel Seriphos ein Schlupfwinkel für Piraten, die ihre Beute unter den Bodenplatten des Gebäudes versteckten. Heute gehört es der Malerin Danae Karakosta. Sie hat beschlossen, in dem kleinen Haus keine Veränderungen vorzunehmen, die von der Schlichtheit des Gebäudes ablenken würden.

Oben: *Den Dielenboden im Wohnraum des Hauses bedeckt ein bunter Flickenteppich. Matratzen mit Bettüberwürfen aus Schurwolle, die auf Mykonos gewebt wurden, liegen auf Holzpodesten. Sie können als Betten oder Sofas genutzt werden.*

Links: *Das Haus gleicht von weitem mehreren ineinander verschachtelten Würfeln.*

Oben: *Frischgepflückte Kapern, eine Spezialität dieser Insel, werden in einer Schale auf dem Tisch in Salzwasser und Essig eingelegt.*

Links: *Vor der Terrasse wächst ein riesiger Feigenkaktus aus dem felsigen Boden. Das Gerät auf dem Sims dient zum Pflücken dieser exotischen Früchte.*

Leben in Abgeschiedenheit

In der Nähe des Dorfes Kallitsos auf Seriphos steht das griechisch-orthodoxe Taxiarches-Kloster, das noch aus dem 15. Jahrhundert stammt. Die Mönchszellen sind in die dicken Klostermauern eingelassen. Zu dem Gebäude gehört auch eine Bibliothek mit zahlreichen byzantinischen Manuskripten und eine Kirche aus dem 18. Jahrhundert mit Darstellungen der Erzengel Gabriel und Michael, den Schutzheiligen der Insel. Heute lebt hier nur noch ein einziger Mönch in erhabener Abgeschiedenheit.

OBEN: *In der Mitte des Gebäudekomplexes ragen zwei Glockentürme in den blauen Himmel.*

LINKS: *Die winzigen Fenster der Mönchszellen unterbrechen nur selten das eintönige Weiß der dicken Klostermauern.*

Oben: *Hoch über dem Meer liegt das weiße Kloster inmitten der kargen Insellandschaft. Vom Kloster aus hat man einen herrlichen Blick auf das Meer.*

Links: *Die Kapelle befindet sich im Zentrum des großen Innenhofes. Das Gebäude wird jedes Jahr im Frühling von seinem einzigen Bewohner innen und außen neu gestrichen.*

OBEN UND RECHTS: *Der Mönch Makarios, der in dem Kloster lebt, steht im großen Wohnraum des Gebäudes. An der Wand hängen Porträts seiner geistigen Vorfahren, die vor ihm hier gelebt haben.*

LINKS: *Eine der leeren Mönchszellen wurde in eine Speisekammer umfunktioniert. Ziegenkäse, den Makarios selbst hergestellt hat, reift auf Gestellen aus Bambusstäben, die von der Decke herabhängen.*

SOMMER-HÄUSER

Seit Tausenden von Jahren genießen Urlaubsreisende die Schönheiten des

Schlichtheit und Einfachheit gewinnen immer mehr an Wert. Neue Maßstäbe haben sich durchgesetzt. Viele Menschen, die sich früher in den hektischen Urlaubsbetrieb gestürzt und in den Luxushotels der überlaufensten Inseln gedrängt haben, suchen nun einen einfacheren, entspannteren Lebensstil, beschränkt auf das Notwendigste. Ein kleines Haus auf einer abgelegenen Insel gilt mittlerweile als der höchste Luxus.

griechischen Sommerparadieses. Heute jedoch zeigen ausländische Touristen und

Das angenehme Klima, die zahlreichen Naturschätze und der Charme der einheimischen Architektur verführen die Sommergäste, sich aus den bescheidenen Häusern, die einst von Fischern bewohnt wurden, und den eleganten Kapitänshäusern ihre individuellen Ferienwohnungen zu schaffen.

griechische Sommergäste den Wunsch, am Alltag der Einheimischen teilzuhaben.

GEGENÜBERLIEGENDE SEITE: *Im Schlafzimmer eines Ferienhauses auf Seriphos bilden eine Landkarte, Luftpostumschläge, Postkarten, Urlaubsfotos, Muscheln und eine Sonnenbrille ein reizvolles, zufällig entstandenes Stilleben.*

DIESE SEITE: *Zu den besonderen Attraktionen eines Sommerurlaubs gehört das Zelt am Strand ebenso wie die höhlenartige Behausung auf einem wildzerklüfteten Felsen am Meer.*

UNTER FREUNDEN

Abgeschiedenheit und die Möglichkeit, den Sommer gemeinsam mit Freunden verbringen zu können, waren die wichtigsten Gesichtspunkte bei der Renovierung der drei winzigen Häuser auf der Insel Seriphos. Die Gebäude waren beinahe zu Ruinen verfallen, von den ursprünglichen Häusern waren nur noch Steinhaufen übriggeblieben. Die Eigentümer – ein französischer Journalist, ein französischer Architekt und dessen Frau – bauten die Häuschen im alten Stil wieder auf.

Jedes der Gebäude ist innen und außen so gestaltet, daß es die Besitzer auf einfache Weise während des Sommers all die Dinge genießen läßt, nach denen sie sich das ganze Jahr über vergeblich sehnen: Sonne, Muße und Geselligkeit.

OBEN: *Ab und zu trottet ein Esel diesen schmalen Weg zwischen den beiden Häusern hindurch.*

LINKS: *In dem dritten Haus ist eine Gästewohnung eingerichtet.*

Oben: *Vor dem Hauptgebäude, das auf drei Ebenen angelegt ist, kreuzen sich zwei Dorfgassen.*

Links: *Dieses Haus befindet sich oben auf einem Hügel, so daß man von der Terrasse aus einen wunderbaren Blick auf das Meer und den Himmel hat.*

OBEN UND OBEN RECHTS: *Ausgewählte Gegenstände aus blauem Glas schmücken die beiden Fensterbänke und bilden ein symmetrisches Stilleben.*

LINKS: *Zu den Wohnräumen im Haupthaus gehören eine offene Küche und eine Sitzecke. Eine Tür führt hinaus in den Hof.*

UNTEN LINKS: *In der Küche ruht über einem Treppenaufgang eine große Schieferplatte auf vier Steinen. Sie dient als Arbeitsplatte.*

RECHTS: *Der in Blaßblau und Weiß gehaltene Schlafraum befindet sich unter dem Dach des Hauptgebäudes. Hier kann man die Sonne, den Wind und eine atemberaubende Aussicht auf das Meer genießen.*

UNTEN RECHTS: *Ein anderer Schlafraum ist direkt in den Felsen geschlagen und erinnert an eine Grotte. Kleine Fenster und dicke Mauern halten das Zimmer angenehm kühl.*

OBEN: *Auf der Fensterbank im Zwischengeschoß liegt die Ferienlektüre.*

LINKS UND UNTEN RECHTS: *Das Gästehaus ist in den Felsen hineingebaut. Gemauerte Bänke dienen als Sitzgelegenheiten, ein kleiner Eßbereich und eine winzige offene Küche – alles aus Stein – gehören zur Ausstattung im Erdgeschoß.*

UNTEN: *Zwei Matratzen im Zwischengeschoß, die als Einzel- oder Doppelbett verwendet werden können, dienen als Schlafmöglichkeit.*

Links: *Auf einer der Ablagen in der Küchenecke steht eine Emaillekanne mit leuchtend roten Geranien, die überall auf Seriphos wild wachsen.*

RECHTS: *Auch im Zwischengeschoß des dritten Hauses ist eine Schlafgelegenheit eingerichtet. Hier wurde allerdings nicht Stein oder Fels, sondern Holz als Baumaterial benutzt.*

UNTEN RECHTS: *Die natürliche Felswand verleiht dem Wohnraum einen etwas rauhen, herben Charme. Die Klappstühle aus Segeltuch werden im Sommer oft in den Hof hinaus getragen.*

UNTEN GANZ RECHTS: *Auch der kleine Toilettenraum ist direkt an die Felswand gebaut.*

EIN KAPITÄNSHAUS

Auf der von Touristen bevölkerten Dodekanesinsel Rhodos zählt das Dorf Lindos zu den begehrtesten Sommerparadiesen. Kapitänshäuser, die meist aus dem frühen 18. Jahrhundert stammen, sind inzwischen zu eleganten Ferienhäusern umfunktioniert worden.

Dieses Haus gehörte früher jenem Archäologen, der Anfang unseres Jahrhunderts die Akropolis von Lindos wiederentdeckte. Wie die meisten Häuser in diesem Dorf liegt es unmittelbar an der Straße. Die Eingangstür befindet sich unter einem kleinen Vorbau, und der Hof ist mit Kieselsteinen, »Krokalia«, bedeckt. Zu den schlichten Einrichtungsgegenständen gehören einfache, rustikale Möbel und verschiedene Tongefäße und Stoffe, die auf Rhodos hergestellt wurden.

OBEN: *Die Terrasse im ersten Stock ist mit den auf der Insel weitverbreiteten schwarzweißen Kieselsteinmosaiken geschmückt.*

LINKS: *Eine Außentreppe verbindet den Innenhof mit einem der Schlafräume.*

Links: *Kleine Fenster unterbrechen die weißen Außenwände des Hauses. Hier, in der ersten Etage, liegen die Schlafräume.*

Links: *Auf der unteren Terrasse steht eine weißgestrichene, mit blauen Kissen gepolsterte Sitzbank.*

LINKS: *Die dekorative Wandverzierung harmoniert mit dem Spitzenbesatz des Kissens.*

RECHTS UND GANZ RECHTS: *Die Innenräume, die Terrasse und der Hof weisen ein Kieselsteinmosaik mit hübschen, phantasievollen Mustern auf.*

MITTE RECHTS: *Der lange Holztisch, dessen Seitenteile die Form einer Hibiskusblüte haben, wurde von einem Handwerker auf Rhodos hergestellt.*

UNTEN RECHTS: *Der traditionelle Zwischenboden mit der Schlafgelegenheit im Erdgeschoß wirkt freundlich und gemütlich.*

UNTEN MITTE RECHTS: *Nach türkischer Sitte sind die Matratzen im Schlafraum zu beiden Seiten des Kamins ausgelegt.*

UNTEN GANZ RECHTS: *Alte Farbdrucke, auf einem antiken Webstoff an der Wand oder auf der Vorratstruhe nebeneinander aufgereiht, schmücken den Hausflur.*

Oben: *Die geräumige Eßküche ist zum Innenhof hin offen.*

Links: *Eine Glasscheibe in einem Holzrahmen trennt die Dusche vom restlichen Teil des kleinen Badezimmers ab.*

OBEN: *In einem der Schlafräume sind drei Wände mit Fenstern versehen, die mit traditionellen griechischen Vorhängen aus blau-weißer Baumwolle verhängt sind. Auf dem Zwischenboden liegt eine große Matratze, daneben stehen zwei niedrige türkische Tische.*

RECHTS: *Eine Sammlung von Strohhüten schmückt die Wand.*

Ein beeindruckendes Panorama

Flankiert von zwei Kapellen liegt das Haus von Jorgos Zaphiriou hoch oben auf einem steilen Felsen. Von hier aus hat man den wohl faszinierendsten Blick auf die Insel Seriphos. Zaphiriou, ein Bauingenieur aus Athen, ließ das Haus von hiesigen Handwerkern wiederaufbauen. Dabei wurde nur auf traditionelle Baumethoden zurückgegriffen.

Das Innere des Gebäudes ist um den natürlichen Felsen herum angelegt und wurde so gestaltet, daß man von jeder Stelle den herrlichen Ausblick genießen kann.

Oben: *Von einer der Terrassen hat man einen freien Blick auf den Hafen von Seriphos.*

Links: *Der Vordereingang des Hauses führt direkt in die Küche.*

Rechts: *In der Abenddämmerung wirkt das hell erleuchtete Haus zwischen den beiden Kapellen besonders idyllisch.*

Links: *Das steinerne Haus ist harmonisch auf seine felsige Umgebung abgestimmt.*

Links: *Riesige Tonkrüge schmücken eine der Terrassen. Die Liegestühle mit Segeltuchbespannung sind so aufgestellt, daß sie einen Ausblick auf den Hafen eröffnen.*

RECHTS: *Zwei gemauerte Sitzreihen mit Baumwollpolstern sorgen dafür, daß man auf beiden Seiten des Kamins bequem sitzen kann.*

RECHTS: *Einer der Schlafräume ist direkt aus dem Felsen herausgehauen. Die weißbezogene Matratze hebt sich kaum von der weißgetünchten Felswand ab.*

OBEN UND LINKS: *In der kleinen Küche hängt ein traditionelles Tellerbord. Vor dem blauen Holzschrank, der zu einer Bank umgestaltet wurde, steht ein alter Cafétisch. In einer Ecke des Raumes befindet sich ein flaches Marmorspülbecken.*

RECHTS: *Steine, Tonscherben und kleine Eisenteile, liebevoll auf Inselspaziergängen zusammengetragen, sind auf einer alten Holztruhe ausgebreitet.*

GANZ RECHTS: *Unter dem Fenster dient die Wand als Rückenlehne für die gemauerte Bank.*

RECHTS: *Vor dem kleinen Tisch im Schlafraum des Erdgeschosses hängt eine griechische Baumwolldecke herab.*

GANZ RECHTS: *An der Terrassentür des großen Schlafraums im ersten Stock schmückt ein Strohhut einen alten griechischen Stuhl.*

Phantasievolles Ambiente

Das kleine, nur aus zwei Räumen bestehende Haus auf Seriphos gehört dem Art-director Nikos Kostopoulos. Kostopoulos sammelt Modellboote und Schiffe, denen man überall im Haus begegnet. Mit erstaunlich wenigen Mitteln hat der Eigentümer dem kleinen, nur mit dem Nötigsten ausgestatteten Gebäude ein phantasievolles Ambiente verliehen. Modellschiffe, Muscheln, Gipsabdrücke fügen sich zu faszinierenden Stilleben-Kompositionen, in denen sich die kreative Persönlichkeit des Art-directors widerspiegelt.

Oben: *Die Dorfhäuser scheinen wie ein weißes Segel über den Berghang von Seriphos gespannt zu sein.*

Links: *Eine blaugestrichene Wandnische mit einem Modellboot und einer winzigen Kykladenkapelle wirkt wie ein kleines Setzkastenfach.*

Rechts: *Fenster und Türen an dieser Fassade sind unterschiedlich groß und erwecken den Eindruck, als seien sie willkürlich angeordnet.*

OBEN GANZ LINKS: *Zwei handgefertigte Körbe stehen nebeneinander unter einem Fenster in der Nähe des Kamins.*

OBEN MITTE LINKS: *Oberhalb einer alten Kommode hängt ein halbverfallenes Kinderruderboot.*

UNTEN GANZ LINKS UND LINKS: *In der winzigen Küche verzieren weiße Spitzenvorhänge die Spüle und die Regale.*

UNTEN MITTE LINKS: *Über einem Einbauschrank sind phantasievoll einige Muscheln angeordnet.*

OBEN UND OBEN LINKS: *Eine ganze Armada von Modellschiffen segelt die Wohnzimmerwand entlang.*

INTERNATIONALER STIL

Das Dorfhaus auf Patmos, einer weiteren Insel des Dodekanes, wurde – wie viele andere Gebäude auf dieser Vulkaninsel – während der letzten zwanzig Jahre von Angehörigen der internationalen Intellektuellenszene gekauft.

Inzwischen ist das geräumige Steinhaus vollständig restauriert und im internationalen Stil eingerichtet worden. Im Sommer trifft sich hier die ganze Familie des Eigentümers.

OBEN: *Im Kloster des Heiligen Johannes führt eine Terrasse auf die Meerseite hinaus.*

LINKS: *Der äußere Eßbereich wird von einem Dach aus Zweigen überschattet. Eine Steinbank paßt sich der ovalen Form des Raumes an.*

LINKS UND UNTEN LINKS: *Alle Schlafräume führen auf die innenhofartige, überdachte Terrasse hinaus, auf der zahlreiche Pflanzen in großen Tongefäßen gedeihen.*

LINKS: *Türrahmen aus Naturstein und elegante Steinbögen findet man oft auf Patmos.*

UNTEN LINKS: *Die Teppiche in dem traditionell eingerichteten Wohnzimmer wurden auf der Insel gewebt.*

RECHTS: *Die Treppe verbindet die Terrasse mit der Eingangshalle.*

MITTE RECHTS: *Im Wohnraum hängt ein Spiegel mit vergoldetem Rahmen.*

GANZ RECHTS: *Auf einem türkischen Tisch am oberen Treppenabsatz steht ein Tablett, das zum Servieren von Kaffee benutzt wird.*

UNTEN RECHTS: *Zu den auffälligsten Möbelstücken im Wohnraum gehört ein wertvoller griechischer Sekretär aus dem 19. Jahrhundert.*

UNTEN MITTE RECHTS: *Auf einem traditionell bemalten Blechtablett stehen zwei bauchige Zinngefäße.*

UNTEN GANZ RECHTS: *Ein vergoldeter Spiegel dient als Blickfang über dem gedrechselten Tisch in der Zimmerecke.*

OBEN: *Auf dem Tisch steht ein Rahmen mit alten Familienfotos.*

OBEN LINKS, OBEN RECHTS UND RECHTE SEITE: *Im ersten Stock des Hauses ist der Schlafbereich auf phantasievolle Art von einem Arbeitsbereich abgetrennt. Restaurierte Stellwände aus Holz, die aus der Zeit der türkischen Besatzung stammen, dienen als Raumteiler.*

EIN TAUBENHAUS

Auf einem felsigen Berghang hoch über dem Hauptort der beliebten Ferieninsel Mykonos liegt ein schlichtes Sommerrefugium. Früher stand hier lediglich ein Taubenhaus.

Viele Menschen suchen im Urlaub Geselligkeit und Unterhaltung, andere wiederum lieben die Einsamkeit und den harmonischen Einklang mit der Natur. Hier oben gibt es weder Elektrizität noch fließendes Wasser, und in dem bescheidenen Gebäude finden sich nur die nötigsten Gebrauchsgegenstände und Möbelstücke.

LINKS: *Das Taubenhaus mit seinem Dachabschluß aus weißgestrichenen spitzen Schieferscherben ist ein bemerkenswertes Kunstwerk der volkstümlichen Architektur.*

OBEN: *Das Refugium besteht aus drei Teilen: dem ursprünglichen Taubenhaus und zwei kleinen würfelförmigen Gebäuden. In dem größeren befinden sich der Wohnbereich und die Küche, während das kleinere als Schlafraum dient.*

OBEN: *Mit Schieferplatten belegte Treppenstufen führen hinauf zur Wohnebene oberhalb der Küche. Das Wasser wird aus einem kleinen Blechbrunnen neben der Küchentür gewonnen.*

LINKS: *Der kleine Innenhof ist mit Schieferplatten ausgelegt. Ein großer flacher Stein dient als Tisch, einfache Hocker mit Binsengeflecht laden zum Sitzen ein.*

Oben ganz links: *Der Vorhang im Wohnbereich ist aus Baumwolle. Lichtquellen sind Kerzen und eine Öllampe.*

Oben Mitte links: *Ein Stück Stoff, hübsch arrangierte Wildblumen und ein Bündel getrocknete Kräuter, das an einer alten Hakenleiste hängt, gehören zu den sorgfältig ausgewählten Objekten, die in dem ganz in Weiß gehaltenen Raum Akzente setzen.*

Oben links und unten Mitte links: *Durch verglaste Nischen fällt das Tageslicht in den Raum ein.*

Oben: *Die Stuckverzierung in dem spärlich möblierten Raum erinnert an die berühmten Kapellen von Mykonos.*

Unten ganz links: *In dem weißgestrichenen alten Ziergitter wiederholt sich des Halbrund des Kamins.*

Unten links: *Die Geranien vor dem Haus, die durch eine der offenen Nischen zu sehen sind, wirken wie ein gerahmtes Gemälde.*

Dekorative Ornamente

Das eindrucksvolle Kapitänshaus in Lindos ragt hoch über dem Wasser wie eine mittelalterliche Burg in den Himmel. Das Steingebäude ist von orientalischem Geschmack geprägt. In die Steine sind Motive gemeißelt, die auf die große Vergangenheit des Hauses hinweisen.

Das Haus ist groß genug, um zahlreiche Gäste darin zu beherbergen, doch kann es ebensogut als ganz privates Refugium genutzt werden; denn es liegt fernab der Orte, an denen sich im Sommer die Touristen sammeln.

OBEN: *Das Haus liegt auf einem Hügel hoch über der Bucht.*

LINKS: *Die bequemen Liegen auf der Terrasse hinter dem Haus laden zum Sonnenbaden ein.*

OBEN: *In einem weißgestrichenen Gefäß mit Sprüngen, das mit Metalldraht zusammengehalten wird, wächst eine Bougainvillea.*

LINKS: *Der Hof hat den typischen »Krokalia«-Boden aus Kieselsteinen, hier mit symbolischen geometrischen Mustern.*

Oben: *Ein breiter Torbogen führt vom Hof auf die angrenzende kleine Straße.*

Oben rechts und rechts: *Im Sommer können die Mahlzeiten im Freien eingenommen werden. Ein Feigenbaum spendet Schatten. Auf dem Kieselsteinboden ist vermerkt, in welchem Jahr das Haus restauriert wurde.*

Oben: *Das Gästeschlafzimmer mit dem niedrigen Zwischenboden, dem Kamin und den beiden Bänken ist im türkischen Stil gehalten, der Lindos prägt.*

Oben links: *Eine steile Treppe führt hinauf in den kleinen Garten hinter dem Haus.*

Links: *Auf einer Arbeitsplatte aus Schiefer stehen rustikale Küchen-utensilien.*

GANZ LINKS: *Über dem Zwischenboden im Wohnraum wurde ein Stück Stoff wie ein Kunstwerk an die Wand gehängt.*

LINKS: *Eine der Steinwände im Schlafraum wurde in ihrem natürlichen Zustand belassen.*

UNTEN LINKS UND GANZ LINKS: *Der große Wohnraum, die »Sala«, ist typisch für die Häuser des Dodekanes. Er ist in zwei Bereiche unterteilt, die mit einem ausladenden Stützbogen verbunden sind. Die bemalte Decke und das Buntglasfenster sind orientalisch beeinflußt.*

RECHTS: *Eine Matratze und zahlreiche kleine Kissen liegen auf einer Vorratstruhe im Wohnraum. Der Stoff an der Wand wurde auf einer der Dodekanesinseln hergestellt.*

LINKS: *Der niedrige Zwischenboden am Ende des Wohnraumes wird nach althergebrachter Weise als Schlafplatz benutzt.*

UNTEN LINKS UND RECHTE SEITE: *Der Hauptschlafraum befindet sich in der ersten Etage. Hier steht ein altes griechisches Bett mit einem Eisengestell und Blechverzierungen. Das Randmuster des Kieselsteinbodens verbindet sich mit dem verspielten Design des Bettgestells zu einem harmonischen Ganzen.*

UNTER FREIEM HIMMEL

Wie bei vielen kleineren Häusern in Lindos auf Rhodos ist das Ferienhaus um einen offenen Hof herum angelegt, der üppig bepflanzt wurde. Die Möbel wurden in den sechziger und siebziger Jahren von einheimischen Handwerkern angefertigt. In einer entspannten, gemütlichen Atmosphäre läßt es sich hier im Sommer wunderbar leben.

OBEN: *Der Hof mit dem Kieselsteinboden wirkt wie ein Wohnraum unter freiem Himmel. Die Stühle sind im Stil der fünfziger Jahre gehalten.*

LINKS: *Der Hauseingang wird von einer neoklassizistischen Fassade umrahmt.*

OBEN: *Von diesem Fenster aus, das in die dicken Steinmauern eingelassen ist, hat man einen herrlichen Ausblick auf die Landschaft, die Lindos umgibt.*

LINKS: *Das Muster der Tischplatte aus Marmor kontrastiert mit den kleinen Kieseln des Fußbodens, so daß sich eine reizvolle Komposition ergibt.*

LINKS: *Das Sofa, die Spezialanfertigung eines einheimischen Handwerkers, ist genau auf die Wand und das Bogenfenster im Wohnraum zugeschnitten.*

RECHTS: *Das Badezimmer wurde vollständig renoviert. Der polierte Marmorboden und das Waschbecken mit seiner Marmorumkleidung kontrastieren mit der rustikalen dunklen Decke und wuchtigen Querbalken.*

Ländliche Abgeschiedenheit

Das Wochenend- und Ferienhaus auf einem großen ländlichen Anwesen in der Nähe von Athen war ursprünglich ein einfacher Bauernhof, wurde dann jedoch renoviert und erweitert. Großzügig geschnittene Terrassen laden zum Aufenthalt und Essen im Freien ein und sind zusätzliche Vorzüge dieses modernen Gebäudes, das sich dennoch seinen rustikalen Charme bewahrt hat.

Oben: *Im Schatten des römischen Ziegeldaches läßt es sich auch an einem heißen Sommernachmittag angenehm sitzen.*

Links: *Ein moosbewachsener Steinpfad führt hinauf zum Hauseingang.*

Links: *Der Swimmingpool vor dem dichtbewachsenen Wald erscheint wie eine kleine Oase.*

Links: *Das Gebäude ist um eine gekachelte Terrasse herum angelegt.*

ΑΤΜΟΜΥΛΟΥ

Oben ganz links: *Die Dielenwände sind aus Naturstein, die dicke Holztür ist mit Metallbeschlägen versehen, und der Fußboden besteht aus künstlich patinierten Terrakottafliesen.*

Oben Mitte links: *Der niedrige Tisch auf der Terrasse wurde aus einer alten Tür mit Metallbeschlägen hergestellt.*

Oben links: *Eine alte Holztür mit Metalleinsatz wurde von einem zeitgenössischen Künstler im Folklorestil bemalt.*

Unten ganz links: *Die Hauswand an der Hauptterrasse erinnert an eine romantische Ruine, die allmählich von Pflanzen überwuchert wird.*

Unten Mitte links: *Ein Bild, auf dem eine Fabrik dargestellt ist, und einige grüne Zweige in einem alten Krug schaffen ein stimmungsvolles Stilleben.*

Unten links: *Auf den Holzregalen im Eßzimmer stehen rustikale Keramikteile.*

Oben: *Der lange Refektoriumstisch im Eßzimmer ist bereits für das Mittagessen gedeckt.*

Unbeschwertes Leben

Das Ferienhaus in dem Dorf Patmos auf der gleichnamigen Insel wurde von Michel Photiadis für ein ausländisches Ehepaar renoviert. Das Gebäude wirkt frisch und hell, gleichzeitig aber auch elegant. Durch das Hinzufügen eines luxuriösen Badezimmers, eines großen Schlafraumes und einiger Loggias hat der Architekt ein Sommerhaus geschaffen, in dem es sich unbeschwert leben läßt.

Oben: *Der Innenhof ist nach allen Seiten abgeschlossen und von der Straße abgetrennt.*

Links: *Von der Terrasse aus kann man die flachen Terrakottadächer der Nachbarhäuser sehen.*

Oben: *Auf einer Truhe in der Nähe des Eingangs stehen Öllampen.*

Links: *Der unverputzte steinerne Türrahmen gibt den Blick auf das Innere des Sommerhauses frei.*

Ganz oben: *Neben der hochglanzlackierten Flügeltür hängt ein naives Gemälde.*

Oben: *Rustikale Stühle sind mit einem Spiegel und einer Holztruhe kombiniert.*

Rechts: *Die abgeschlossene Wohneinheit besteht aus einem Wohnzimmer und einem Badezimmer auf der unteren Ebene sowie einem Schlafbereich oberhalb des Badezimmers.*

GANZ OBEN: *An einem Ende des Wohnzimmers führen zwei symmetrisch angeordnete Türen in das Eßzimmer.*

OBEN: *Über breite steinerne Stufen gelangt man ins Kellergeschoß.*

LINKS: *Auf einem kleinen Zwischengeschoß über der Treppe stehen antike Tongefäße.*

Oben: *Das weitläufige Badezimmer wird von einer freistehenden, holzverkleideten Badewanne beherrscht. Unter dem Fenster steht ein elektrischer Handtuchwärmer.*

Oben: *Der Boden des Badezimmers besteht aus flachen Terrakottaziegeln, die man früher auf Patmos auch zum Decken der Häuser verwendete.*
Rechts: *Die Küche liegt direkt am Innenhof.*

Oben: *Griechische Betten mit kleinen Baldachinen und Eisengestellen sind mit weißen Baumwollüberwürfen bedeckt.*

Oben: *Ein geschnitzter Holzaufsatz schmückt die Badezimmertür.*
Links: *Zu den besonderen Kennzeichen eines vornehm eingerichteten Hauses gehören verzierte Innenläden.*

Der Stil der sechziger Jahre

Das zeitgenössische Haus in Porto Rafti in der Region Attika, unweit von Athen, wurde in den sechziger Jahren erbaut. Es wird von wohlhabenden und fachkundigen Sammlern bewohnt, die auf moderne Kunst spezialisiert sind. Überall im Haus, auf den Veranden und in dem großen Garten haben die Eigentümer Gemälde und Skulpturen der bekanntesten zeitgenössischen griechischen Künstler verteilt.

Von der ungewöhnlichen roten Eingangstür bis hin zu den spezialangefertigten Einrichtungsgegenständen ist das geschmackvolle Wohnhaus ein vollkommenes Beispiel für den Stil der sechziger Jahre, an dem man heute allmählich wieder Gefallen findet.

OBEN: *Die riesigen weißgestrichenen Ölkrüge, früher lediglich Gebrauchsgegenstände, gelten heute als Kunstobjekte.*

LINKS: *Der langgestreckte niedrige Bungalow ist bezeichnend für den Stil der sechziger Jahre.*

Links: *In dem großen Garten, der sich bis hinunter zum Meer erstreckt, steht eine Frauenstatue von Memos Makris.*

Links: *Der in den Fels gehauene Swimmingpool ist durch eine Steinterrasse mit dem Haus verbunden.*

Oben: *Durch eine rote Tür mit Metallbeschlägen gelangt man ins Haus.*

Oben: *Auf der Terrasse in der Nähe des Swimmingpools hängen Metallobjekte von Alex Mylona an der Wand.*

Rechts: *Ein steiler Weg führt hinunter zu einer kleinen Bucht, die ebenfalls zum Grundstück gehört.*

Oben: *Eine Ecke des geräumigen Wohnzimmers ist dem Kartenspiel vorbehalten. Der Bridgetisch und die Stühle wurden von dem amerikanischen Möbeldesigner T. H. Gibbings speziell für diesen Raum entworfen. Das Gemälde stammt von Theodoros Stamos.*

Oben rechts: *Über dem Korbsofa auf der Veranda ist ein Mosaik von Zizi Makris gehängt.*

Rechts: *Das Eßzimmer ist ganz in Weiß gehalten. Blickfang ist ein riesiger, farbenprächtiger Wandteppich von Jannis Phaitakis.*

Oben: *Verschiedene Mineralien sind über dem modernen Kamin angebracht.*

Oben links: *Zwei Türöffnungen verbinden die geräumige Diele mit dem Eßzimmer.*

Links: *Das Muster des Wohnzimmerteppichs, der von Jannis Phaitakis gewebt wurde, stellt Mineralien dar und harmoniert so mit den Steinen auf den Regalen. Die fein gearbeiteten Kissen haben die Form von Muscheln.*

Ein Gästehaus

Als Vassilis Tseghis, ein Innenarchitekt aus Athen, dieses Haus auf Seriphos kaufte, war es völlig verfallen. Tseghis ließ das Gebäude in Hora, dem höchstgelegenen Dorf der kargen, felsigen Insel, komplett restaurieren und verwandelte es in ein Sommerhaus für sich und seine zahlreichen Freunde, die er hier künftig empfängt.

Außentreppen verbinden die verschiedenen Gebäudeteile, in denen sich die Gästezimmer befinden. Das Äußere des Hauses entspricht dem traditionellen volkstümlichen Stil, das Innere hingegen ist ganz und gar auf die Bedürfnisse von Urlaubern zugeschnitten.

Oben: *Das große Gebäude besteht aus verschiedenen Komplexen, die durch Treppen und Terrassen miteinander verbunden sind.*

Links: *Eine zweiteilige ehemalige Stalltür führt in eine kleine Diele.*

LINKS UND UNTEN LINKS: *Von der Dachterrasse aus kann man die eindrucksvolle Aussicht auf die karge Insellandschaft und das Meer genießen.*

GANZ OBEN: *Eine neue kleine Steintreppe, die den Außentreppen angepaßt ist, führt im Inneren des Hauses auf das Zwischengeschoß, das als Schlafbereich dient.*

OBEN: *Da die Räume umstrukturiert wurden, befindet sich einer der Kamine jetzt in der Diele.*

LINKS: *Die Eingangstür und die Türschwelle aus Schiefer sind blau gerahmt.*

GANZ OBEN: *Eine traditionelle Bank, wie man sie auf dieser Insel oft findet, ist eine zusätzliche Sitzgelegenheit.*

OBEN: *Diese silbernen Gegenstände stehen im Wohnraum.*

RECHTS: *Auf der gemauerten Bank im Wohnraum dienen große rosafarbene Kissen als Rückenlehnen.*

Ganz links: *Die gemauerten Bänke mit ihren pastellfarbenen Kissen, das grafische Teppichmuster und die großen alten Steine verleihen dem Innenraum einen geschmackvollen Charakter.*

Links: *Der alte Spiegel mit dem vergoldeten Rahmen schmückt den Schlafraum.*

Unten ganz links: *In der winzigen Küche können sich die Bewohner der Gästezimmer selbst versorgen.*

Unten Mitte links: *Eine steile schmale Treppe mit Schieferauftritten führt hinauf zur Dachterrasse.*

Unten links: *In einer der Gästewohnungen steht ein Frisiertisch auf dem Zwischengeschoß über der Treppe.*

Rechts: *Das Himmelbett mit dem Eisengestell ist mit einem weichen weißen Baumwollstoff drapiert, wie man dies oft auf den Inseln findet.*

Ein sicherer Hafen

Auch wenn es relativ klein ist, weist dieses Haus in Lindos doch alle Merkmale der vornehmen Kapitänshäuser auf. Die reichverzierte Steinfassade liegt versteckt am Ende eines Innenhofes – wie es sich denn auch für ein Gebäude schickt, das einst als sicherer Heimathafen gedacht war. Heute dient das Gebäude einer italienischen Familie als Sommerhaus und schützt seine Bewohner vor den Touristenströmen, die alljährlich während des Sommers Lindos besuchen.

OBEN: *Ein Segelboot auf dem Kieselsteinboden (»Krokalia«) erinnert an die Vergangenheit des ehemaligen Kapitänshauses.*

LINKS: *Ein in Stein gemeißeltes Girlandenmotiv ziert den Torbogen am Eingang.*

OBEN: *Die Dachterrasse ist ebenfalls mit Kieselsteinen ausgestaltet.*

LINKS: *Auf der gemeißelten Steinfassade des Hauses, das am Ende des verborgenen Innenhofes liegt, vermischen sich orientalische Motive mit frühchristlichen Symbolen.*

GANZ OBEN: *Im Innenhof wachsen Hibisken und Geranien in Töpfen.*

OBEN: *An der weißen Hofmauer ist ein Stilleben aus bizarrem Treibholz und Tonscherben aufgestellt.*

GANZ OBEN UND RECHTE SEITE: *Im Sommer kann man die Mahlzeiten in dem geschützten, halbrund überwölbten Eßbereich einnehmen.*

OBEN: *Die Außenwand des Hauses mit den behauenen Tür- und Fenstereinfassungen wirkt mittelalterlich.*

LINKS: *Hohe Stützbögen im Wohnraum, der »Sala«, findet man häufig auf Rhodos.*

RECHTS UND UNTEN GANZ RECHTS: *An einem Ende der »Sala« befinden sich zwei erhöht liegende Schlafebenen.*

UNTEN RECHTS: *Durch den eingebauten Eckschrank sparen die Bewohner Platz.*

FARBENPRACHT

Das Haus, das dem Athener Architekten Michel Photiadis und seiner Frau Melpo gehört, liegt am Fuß des legendären Klosters des Heiligen Johannes auf Patmos. Es besteht aus drei ursprünglich selbständigen weißen Gebäuden; zwei von ihnen wurden miteinander verbunden und bilden heute das Wohnhaus, das dritte dient als Gästehaus.

Im Inneren des Hauses überrascht die ungewöhnliche Farbwahl. Statt die hergebrachten blaßblauen Töne zu verwenden, hat der Architekt Fenster, Türen und Schränke dunkelgrün und orangefarben gestrichen – Farben, die in Griechenland selten verwendet werden.

OBEN: *Vom Kloster aus kann man die geometrischen Dächer des Hauses deutlich erkennen.*

LINKS: *Das Gästehaus liegt unmittelbar über einer der Dorfgassen.*

OBEN: *Ein Dach schützt den Tisch mit seiner Platte aus Keramikfliesen und die Segeltuchstühle im Hof vor Wind und Wetter.*

LINKS: *Das Gästehaus besitzt einen kleinen Hof, der zwei der Schlafräume miteinander verbindet.*

OBEN: *Ein kleiner Lorbeerstrauß ziert den alten, grüngestrichenen Löffelhalter.*

LINKS: *Die riesigen Tongefäße und die antike Lampe prägen das Erscheinungsbild der Diele mit ihrem auffälligen Fußboden aus Terrakottaziegeln.*

OBEN RECHTS UND GANZ RECHTS: *In dem kleinen Wohnraum stehen alte Bugholzmöbel. Die perforierten Radierungen auf der Stellwand werden von hinten beleuchtet.*

MITTE RECHTS UND GANZ RECHTS: *In einem der Empfangsräume sind Windlichter zu erkennen. Die Holzrahmen, Schränke und Türen sind dunkelgrün gestrichen.*

UNTEN RECHTS UND GANZ RECHTS: *In den Schlafräumen befinden sich nur wenige ausgesuchte Möbelstücke. Die hölzernen Betteinfassungen sind mit Schnitzereien verziert, auf den Matratzen liegen Baumwolldecken.*

LINKS: *Die hölzernen Zierleisten, Türen und Fensterläden im Gästezimmer sind in einem warmen Orangeton gehalten.*

UNTEN GANZ LINKS: *Der Badezimmerboden und die Einfassung des Waschbeckens sind aus Terrakottaziegeln. Dieser Raum wurde völlig renoviert.*

UNTEN LINKS: *Vier antike Stühle sind nebeneinander vor der weißgetünchten Wand aufgereiht.*

RECHTS: *Die beiden hübschen, aber wackeligen Eisenbetten mit den gestreiften Webstoffdecken und die orangefarbenen Fensterläden verstärken den schlichten Charme dieses Raumes.*

Haus und Garten

Einer der vielen Vorteile eines Ferienhauses etwas außerhalb von Hora, einem kleinen Dorf auf Patmos, besteht darin, daß man sowohl das Meer als auch den wunderschönen Garten bewundern kann. Üppig blühende Rosen und Geranien säumen die breiten Terrassen, von denen aus man zugleich einen ungestörten, atemberaubenden Blick auf die Nachbarinseln und das Meer hat.

Das Steinhaus ist vollständig mit rustikalen griechischen Möbeln eingerichtet. Besonders reizvoll sind die Schlafräume mit den uralten griechischen Betten und den amerikanischen Quilts.

Oben: *Wenn man zum Dorf hinaufwandert, kann man das weiße Haus von der Straße aus sehen.*

Links: *Auf der Terrasse blüht eine selten schöne Geranie.*

Links: *Geranientöpfe säumen die Treppe, die zum Dach hinaufführt.*

OBEN: *Der Fußboden des großen Badezimmers besteht aus Terrakottaziegeln.*

OBEN GANZ LINKS: *Auf den breiten gemauerten Bänken liegen weiche Sitzpolster.*

OBEN LINKS: *Ein bequemes niedriges Sofa, das normalerweise im Inneren des Hauses steht, wird im Sommer auf die Terrasse gestellt.*

MITTE LINKS UND GANZ LINKS: *Blühende Pflanzen schmücken die breite Steinterrasse vor dem Wohnraum.*

UNTEN GANZ LINKS: *Die überdachte Veranda mit dem bequemen breiten Sofa lädt zum Verweilen im Schatten ein.*

UNTEN LINKS: *Im ersten Stockwerk verbindet ein offener schmaler Balkon die Schlafräume mit dem Badezimmer.*

RECHTS OBEN UND UNTEN: *Der Wohnraum mit der dekorativen Holzdecke und den Querbalken ist gemütlich eingerichtet. Bunte Teppiche bedecken den Dielenboden. Die großen Windlichter werden meist an stürmischen Tagen benutzt.*

GANZ OBEN UND LINKE SEITE: *Ein antikes griechisches Himmelbett bildet den Mittelpunkt des Schlafraumes. Die neuen Gitterschränke wurden eigens so entworfen, daß sie zu den alten Eckschränken im türkischen Stil passen.*

OBEN: *In dem ganz in Blau und Weiß gehaltenen Gästezimmer liegt ein amerikanischer Quilt auf dem Bett.*

Ein Märchenhaus

Dieses Haus auf der Insel Rhodos könnte aus einem Märchen stammen: Von dicken Mauern geschützt und um einen verborgenen kleinen Garten herum gebaut, wirkt das kleine Anwesen feminin und intim.

Auf dem Boden liegen Matratzen, die Kissen sind mit alten Spitzen verziert, und die Wahl der wenigen, auf das Nötigste beschränkten Möbelstücke trägt zur unkonventionellen Atmosphäre des Sommerhauses bei.

Oben: *Kernstück des Innenhofes ist ein alter Baum.*

Links: *Das Handwerkszeug eines Maurers erinnert an die alten Handwerkstraditionen auf Rhodos.*

OBEN: *Auf der Terrasse sind Kissen und Matratzen ausgebreitet.*

LINKS: *Die Holzbank wurde auf der Insel hergestellt. Da sie ständig draußen steht, ist sie inzwischen leicht verwittert.*

Links: *Ein Teppich und mehrere Matratzen liegen auf dem Boden dieses gemütlichen Wohnraumes. Drei niedrige runde türkische Cafétische dienen zugleich als Ablage und Tablett.*

RECHTS: *Die spitzenverzierten Kissen auf der gemauerten Bank haben Frauen aus den Dörfern der Insel hergestellt.*

GANZ RECHTS: *Über der mit Gravierungen verzierten Vorratstruhe im Wohnraum ist ein alter Wandbehang befestigt.*

UNTEN RECHTS: *Im Kieselmosaik des Bodens an der Eingangstür ist eine der Restaurierungen des Hauses vermerkt.*

UNTEN GANZ RECHTS: *Ein Tellerbord hängt über einem flachen Spülbekken, das mit Terrazzo eingefaßt ist.*

Oben: *Der Spiegel im Badezimmer ist in einem ehemaligen Backofen aufgestellt.*

Rechts: *Sämtliche Holzteile im Schlafraum sind leuchtendblau gestrichen.*

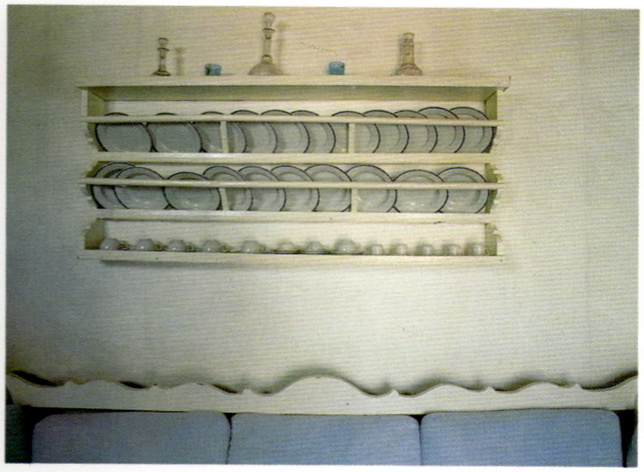

GANZ OBEN: *Geschirr des täglichen Gebrauchs steht griffbereit in einem Tellerbord in der Küche.*

OBEN: *Über dem Bett hängt ein gesticktes Bild, das eine Frau aus dem Ort hergestellt hat.*

OBEN LINKS: *An den niedrigen Vorratsschränken wurde eine zusätzliche Stufe angebracht. Sie erleichtert den Zugang zu einer Treppe, die auf das Zwischengeschoß führt.*

LINKS: *Die Rosen harmonieren mit den Stickereien auf dem Tischtuch.*

LINKS: *Der kleine Swimmingpool gehört zu einem Privathaus im Zentrum von Athen, von dem aus man einen Blick auf die Akropolis hat. Jederzeit schwimmen zu können macht das Leben in einer Stadt, in der fast das ganze Jahr über Sommer ist und die Temperaturen oft höher als 38 Grad liegen, noch angenehmer.*

Illustrationen von Liz Gibbons

Eine der angenehmsten Weisen, sich mit einem fremden Land vertraut zu machen, ist die Beschäftigung mit seinen Traditionen: mit der Musik, Kunst, Architektur und Eßkultur.

Kunst und Unterhaltung

Bouzouki
Ein birnenförmiges, mit der Mandoline verwandtes Saiteninstrument, auf dem griechische Volksmusik gespielt wird. Eine kleinere Version des Instrumentes heißt »Baglamas«.

Glykothiki
Ein Löffelhalter aus Messing oder Silber, der zum Servieren von Nachtisch benutzt wird.

Kalamatianos
Der wohl traditionellste griechische Tanz. Männer und Frauen formen einen Kreis und vollführen komplizierte Tanzschritte. Andere beliebte Volkstänze sind der »Zeibekikos«, der nur von Männern getanzt wird; der »Tsifteteli«, die Version für Frauen; der »Tsamikos«, ein akrobatischer Männertanz; der »Chassapiko«, auch als Metzgertanz bekannt; und der »Sirtaki«, eine einfachere Version des »Chassapiko«.

Kendima
Typische griechische Stickereien, die von Blumen, Tieren, Landschaften und allen anderen Elementen der Natur, aber auch den Gestalten der Mythologie inspiriert sind. Überall in Griechenland trifft man auf stickende Frauen. Junge Mädchen, die Zeit und Lust haben, diese Fertigkeit zu erlernen, bereiten ihre Mitgift vor, indem sie ihre Wäsche mit kunstvollen bunten »Kendimata« verzieren.

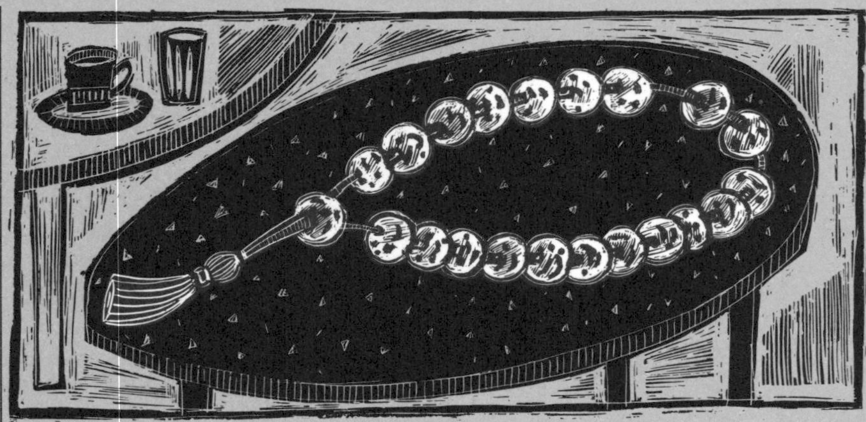

Keramika
Keramikteller und -schüsseln mit farbenfrohen Mustern. Zentren dieser handwerklichen Tradition sind Rhodos und die benachbarten Inseln. »Keramika« werden stolz in Vitrinen aufgestellt oder als Wandschmuck aufgehängt.

Komboloi
Gebetsperlen, die Männer den ganzen Tag lang durch ihre Finger gleiten lassen. Die »Komboloi« stammen ursprünglich aus dem Orient, haben jedoch keinerlei religiöse Bedeutung.

TAVAS
Ein Tablett aus Messing oder galvanisiertem Metall. Wird in traditionellen »Kafeneions« zum Servieren von Ouzo und Kaffee und dem dazugehörigen Glas Wasser benutzt.

TAVLI
Backgammon. »Tavli« wird auf einem Brett mit Einlegearbeiten aus Stein oder Holz gespielt und ist eine Art Nationalspiel.

ARCHITEKTUR UND DESIGN

AKROKERAMA UND KOLONAKI
Terrakottaverzierungen, die an zahlreichen Häusern im neoklassizistischen Stil das Dachgesims schmücken.

ANEMOMILI
Windmühlen, oft auf Hügeln, wo sie die Windkraft am besten nutzen können, finden sich auf vielen Inseln. Die meisten von ihnen sind heute rein dekorativ, dienten jedoch früher zum Mahlen von Weizen.

BALKONI
Balkone mit Brüstungen aus Stein, Holz oder Gußeisen, die man häufig an städtischen Bürgerhäusern findet.

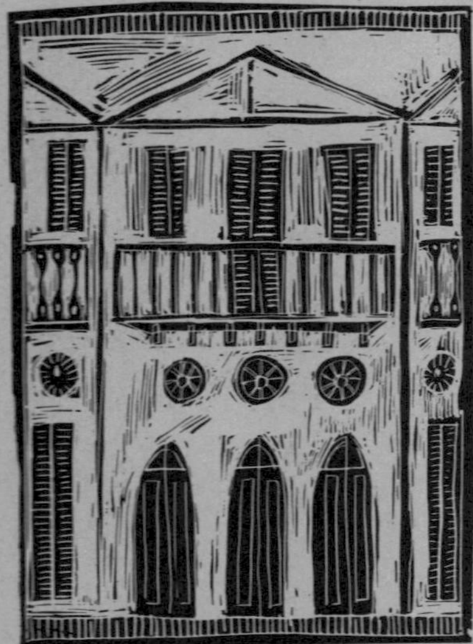

FLITZANAKI
Kleine, schwere Porzellantasse mit stabilem Henkel, in der griechischer Kaffee gereicht wird.

FLOKATI
Teppich aus ungefärbter Wolle von Langhaarschafen.

IKONOSTASI
Kleiner Schrank, in dem religiöse Objekte wie Ikonen und Öllampen aufbewahrt werden.

KALI MERA
Heißt auf griechisch »Guten Morgen«. Diese Begrüßung steht meist auf einem kleinen Spiegel geschrieben, der in der Eingangstür vieler volkstümlicher Häuser im ganzen Land hängt.

KAMINADA
Traditioneller Kamin, dessen Form und Material je nach Insel verschieden sind. Er ist aus Terrakotta oder Stein, zeigt jedoch immer ein ganz eigenes Design.

Kilim
Zweiseitiger flacher Webteppich. »Kilim« ist ein türkisches Wort, das im gesamten Orient für diese Art von Teppichen benutzt wird.

Krounos
Kleiner Brunnen aus galvanisiertem Metall, der häufig an der Wand angebracht ist. Man findet ihn meist in volkstümlichen Häusern, in denen es kein fließendes Wasser gibt.

Mangali
Kohlebecken aus Messing, orientalisch inspiriert. Wird in Nordgriechenland häufig zum Heizen von Räumen benutzt.

Kourelou
Gestreifte gewebte Decke, die traditionellerweise Böden und Wände schmückt.

Krevati
Bett aus Schmiedeeisen, häufig mit floraler Ornamentik.

Krokalia
Dekoratives Mosaik aus schwarzen und weißen Kieselsteinen; traditionelle Fußboden- und Innenhofgestaltung auf den Dodekanesinseln.

Meandros
Dekorative Randverzierung, die seit dem Altertum beliebt ist. Das Mäandermuster, das den Fluß des Lebens symbolisiert, findet sich auch noch in zeitgenössischen Gebäuden.

Moussandra
Große Truhe, in der Wäsche aufbewahrt wird. Oft mit Holzschnitzereien verziert und dekorativ bemalt. Besonders verbreitet in Nordgriechenland.

Nissiotiko
Dekorative Holzbank, typisch für die Inseln. Die Version, die man in Kirchen und Abteien findet, heißt »Papadistiko«.

Peristereonas
Taubenhaus aus Kalkstein. Die Fluglöcher haben die Form von Sternen, Kreisen und Diamanten. Ein »Peristereonas« kann bis zu sechs Metern hoch sein und bis zu 500 Vögel aufnehmen.

Piatothiki
Wandregal oder Schränkchen, in dem das Keramikgeschirr des täglichen Gebrauchs aufbewahrt wird.

Pithari
Große Terrakottabehälter, manchmal glasiert, zur Aufbewahrung von Olivenöl oder Korn.

Roptro
Viele Türen schmückt ein Türklopfer oder »Roptro«, häufig eine Hand, die eine Kugel hält.

SPERVERI
Bestickter Vorhang, der an der Decke befestigt ist und wie ein kleiner Himmel über das Bett fällt.

TAVANI
Zimmerdecke, wichtiger dekorativer Bestandteil jedes Hauses. In volkstümlichen Häusern oft aus Rohr, Holz oder Schiefer, in Bürgerhäusern meist mit Schnitzereien verziert oder bemalt.

DELIKATESSEN

AVGOLEMONO
Kombination aus Eiern und Zitronensaft zum Verfeinern von Suppen und Saucen.

BAKLAVA
Süßes Gebäck aus dünnem Blätterteig (»Phyllo«) mit Nüssen in Honig und Sirup.

DOLMADES
Weinblätter mit Fleisch- und Reisfüllung.

ELIES
Oliven, die im Januar und Februar geerntet werden, sind die bedeutendsten landwirtschaftlichen Erzeugnisse Griechenlands und werden zu den verschiedensten Mahlzeiten gereicht. Es gibt mindestens zehn verschiedene Sorten, von der dunkelbraunen »Kalamata«, die im südlichen Teil des Peloponnes angebaut wird, bis zu der helleren Art, die aus der Gegend um Delphi stammt.

ELLINIKOS KAFES
Griechischer Kaffee, auch türkischer Kaffee genannt, wird zu jeder Tages- und Nachtzeit getrunken und in Mokkatassen serviert. Man bestellt ihn »glyko« (süß), »metrio« (mittelsüß) oder »sketo« (ohne Zucker). Einmal serviert, wird der Kaffee nicht mehr gerührt. Der Kaffeesatz bleibt in der Tasse zurück, damit man daraus die Zukunft lesen kann.

FETA
Weißer gesalzener Käse aus Ziegen- oder Schafsmilch.

JAOURTI
Griechischer Joghurt, sehr dick, häufig mit Honig gesüßt.

KAPARI
Kapern. Knospe einer Blume, die auf Steinwänden in trockenen Gegenden wächst. Eingemachte »Kapari« werden auch als Gewürz benutzt.

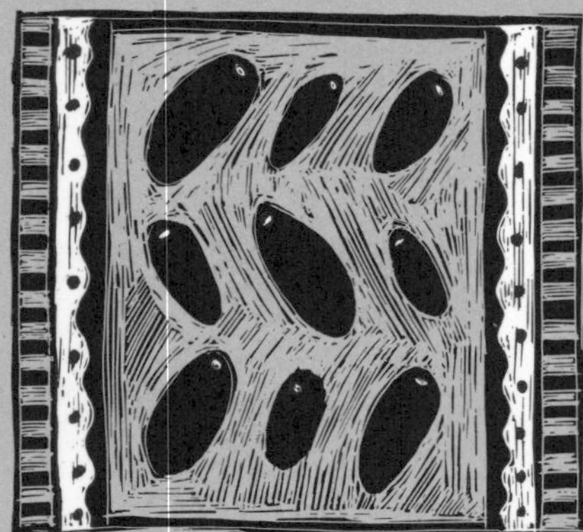

KOULOUREDI
Sesamkringel, weißes ringförmiges Brot.

Kourabiedes
Halbmondförmiges Mürbeteiggebäck, mit Puderzucker bestäubt, wird traditionell zu Weihnachten gebacken.

Ladi
Olivenöl. Wichtiger Bestandteil der griechischen Küche. Der beste »Ladi« kommt aus der Region des Peloponnes, insbesondere aus den Städten Kalamata und Messene, sowie von den Inseln Siphnos und Lesbos.

Mezedakia
Kleiner Imbiß in Cafés und »Tavernas«, meist mit Ouzo oder Wein gereicht. Eine typische Kombination wäre »Tzatziki« (Dip aus Joghurt, Gurken und Knoblauch), »Taramosalata« (Fischrogenpaste), »Dolmades« (Weinblätter mit einer Füllung aus Fleisch und Reis), »Kalamarakia« (gebratener Tintenfisch) und »Tyropitakia« (Käsepastetchen).

Moussaka
Auflaufgericht aus verschiedenen Lagen: Auberginen, Kartoffeln und Hackfleisch, mit Bechamelsauce.

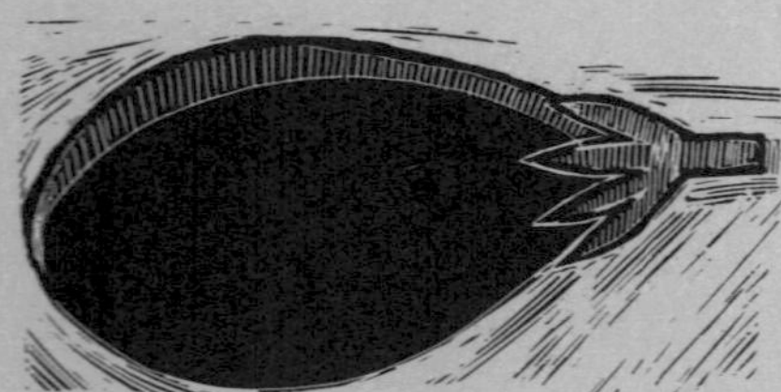

Ouzo
Anisschnaps, der aus den Resten gepreßter Trauben destilliert wird, die mit aromatischen Kräutern und Samenkörnern, besonders mit Anissamen, gewürzt werden. Durch Zugabe von etwas Wasser erhält die Flüssigkeit ihre milchige Farbe.

Retsina
Griechischer Weißwein. Benannt nach dem Pinienharz, das nach der Fermentierung als Konservierungsmittel hinzugefügt wird.

Rodi
Granatapfel – ein Symbol für Fruchtbarkeit und Reichtum. An Neujahr wird ein Granatapfel auf dem Boden eines jeden Hauses zerdrückt, und die überall verstreuten Samenkörner symbolisieren Glück im neuen Jahr.

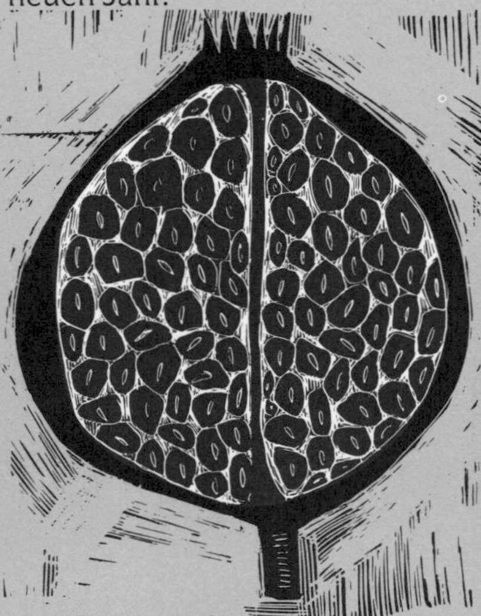

Souvlaki
Fleischspießchen mit Schweine- oder Kalbfleisch in Pittabrot, kombiniert mit Tomaten, Zwiebeln, Joghurt und Knoblauch.

Festtage

St. Basil, Neujahr
Der heilige Basil ist der griechische Nikolaus, der seine Gaben allerdings nicht an Weihnachten, sondern erst Neujahr bringt. Um Mitternacht wird die »Vassilopitta«, der Basilkuchen, serviert. Die Person, die eine darin versteckte Münze findet, darf sich auf ein glückliches neues Jahr freuen.

Theophaneia, 6. Januar
Segnung der Wasser. Ein religiöser Brauch, bei dem ein Priester ein Kreuz ins Wasser wirft. Junge Männer suchen das Kreuz und bringen es in die Kirche zurück.

Apokries
Drei Wochen vor der Fastenzeit. Maskierte und verkleidete Menschen tanzen während der Karnevalszeit durch die Straßen.

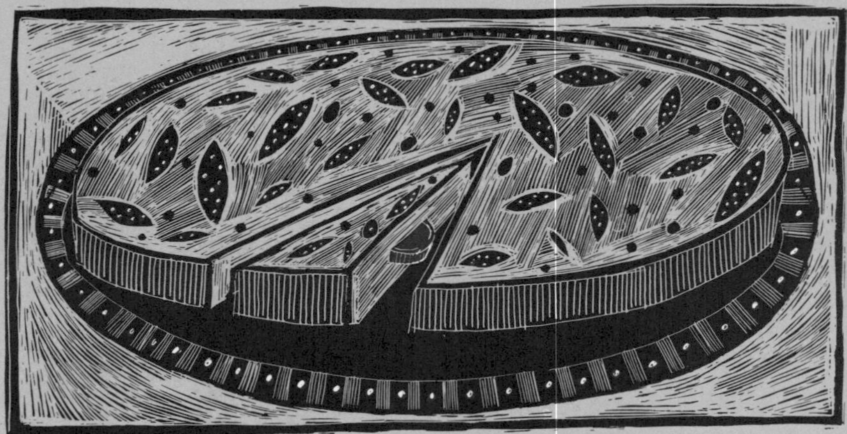

Unabhängigkeitstag, 25. März
Zur Feier des Jahrestages der Revolte gegen die Türken im Jahre 1821 werden in vielen Städten große Militärparaden veranstaltet.

Karfreitag
Farbenprächtige Prozessionen finden fast überall in Griechenland statt. Sie ziehen mit blumengeschmückten Tischen oder Särgen, die den toten Christus symbolisieren, durch die Straßen.

Syka
Getrocknete Feigen, die im Winter verzehrt werden, oft reicht man dazu Ouzo.

Vasilikos
Basilikum. Wächst in Töpfen vor fast jedem griechischen Haus, wird allerdings selten zum Kochen benutzt.

Ostern
Das griechisch-orthodoxe Ostern, das nicht mit dem römisch-katholischen Osterfest zusammenfällt, markiert die Auferstehung Christi und ist das wichtigste Fest des Jahres. Echte und künstliche Eier, die rot gefärbt sind, um das Blut Christi zu symbolisieren, schmücken Häuser und Geschäfte.

Kinissi, Mariä Himmelfahrt, 15. August
An diesem Feiertag ehrt man die Jungfrau Maria mit Pilgerfahrten, besonders zur Insel Tinos. In der griechisch-orthodoxen Kirche wird dieser Tag in allen Kirchen, die der Heiligen Jungfrau Maria geweiht sind, festlich begangen.

Weihnachten, 25. Dezember
An Weihnachten, das in Griechenland weniger wichtig ist als Ostern, wird traditionelles Gebäck gereicht, etwa »Kourabiedes«, Mürbeteigplätzchen, und »Christopsomo«-Brot, das mit einem Kreuz verziert ist.

Protomaja, 1. Mai
Festtag und Blumenfest in ganz Griechenland. Blumenkränze über Türen und Balkonen gelten als Glücksbringer und schützen vor dem »Bösen Blick«.

REGISTER

A

Aberglaube 23, 162
Ägäisches Meer 5, 7
Ägina 24, 160
Afra 72
Altäre 164
Anrichte 134
Antiquitäten 156, 272, 274
Arbeitszimmer 80, 81, 155
Arkaden 76
Athen 5, 17, 20, 24, 242, 252, 288
Landhäuser
bei Athen 242–245

B

Badezimmer 164, 208, 241, 248, 250, 274, 279, 286
Bänke 261
auf den Inseln 283
aus Stein 180
Balkone 47, 84, 140
Balustraden 40, 42
bemaltes Haus 46–51
Betten:
Messinggestell 171
Himmelbett 263, 281
Eisengestell 251, 275
blaue Glasobjekte 198
Bögen 52, 268
Eingang 264
aus Stein 77
Bronzescheiben 41
Brotofen 159
Brunnen 120
Bucht, private 256
Bulgari, Georgis 160
Bulgaris, Olga 28
Bulgaris, Stefanos 28
Bulgaris, Familienwohnsitz 28–37

C

Café Neon 17
Cephal-Ionia 72

D

Dachgesims 147
Dächer 27, 74, 270, 271
römische Ziegel- 242
Terrakotta- 246
Decken 110, 118, 131, 142, 165, 171, 185, 186
Querbalken 241
bemalt 108
Deckenfelder 134
Dielen 245, 272
Dodekanesinseln 52, 159, 204, 220, 235
Dorf (Hora) 145
Durchgänge, bogenförmige 232

E

Einbauschrank 110
Elia 178–183
Empfangszimmer 30, 272
Epirus 13, 70 f., 88, 92, 102, 140, 146, 172

F

Farben, typisch griechische 11, 46
Fenster 74, 84, 86, 88, 92, 126, 128, 131, 140, 143, 148, 150, 153, 154, 160, 174, 178, 180, 184, 199, 216, 239
Bogen- 240
Buntglas- 240
Fensterläden 58, 132, 148, 170, 184, 251, 274, 275
Figurinen 140
Fischmarkt 20
Fliesen, Terrakotta- 100
Flure 76
Frontzos, Konstantin 102, 103
Frontzos, Familienwohnsitz 102–105
Fußböden 92, 108, 131, 165, 206, 250
Krokalia-Kieselstein 231, 239
Marmor 241

G

Gärten 29, 89, 96, 116, 158, 233, 253
Gästehaus 270, 271
Galatis, Familienwohnsitz 120–125
Gang, überdachter 74, 102
Gemälde 162, 245, 248
Gibbings, T. H. 256
Gilmour, David 52
Gilmour, Ginger 52
Gilmour, Haus der Familie 52–59
Granatapfel 181
griechisch-orthodoxe Feiertage 17

H

Hängematte 167
Herd s. Ofen
Hora 258, 276
Hora (Dorf) 145
Hydra 5, 126, 160, 166
Haus in, 166–171

I

Ioannina 71, 102, 146, 172, 173
Haus in, 172–177
Innenhöfe 64, 115, 154, 155, 160, 167, 204, 208, 227, 238, 246, 264, 265, 266, 271, 282
Iolas, Alexander 38, 43
Haus von 38–45
Ionische Inseln 5, 100
Ionisches Meer 7, 28

J

Johannes,
Kloster des Heiligen 220, 270
Johanniter 52

K

Kafeneion 17
Kaffeemühle, 156
Kallitsos 190
Kamine 67, 92, 122, 145, 149, 177, 180, 229, 260
Kapellen 107, 145, 191
auf den Kykladen 216
Privat- 60, 97, 99
Kapern 189
Kapitänshaus 204–209
in Lindos, 230–237
auf Rhodos 204–209
Karakosta, Danae 188
Haus von 188–189
Kardamatis, Wolfgang 43
Keller 119
Kellergeschoß 249
Kerkyra 114
Kirche 173
Klavier 100, 134
Klein-Venedig 84
Kloster 220
Körbe, handgefertigt 219
Korfu 28, 72, 94, 114
Kostopoulos, Nikos 216
Haus von, 216–219
Kourkoumelli,
Familienwohnsitz 72–87
Kränze 162
Kronleuchter 82, 104
Krokalia 53, 204, 231, 264
Kykladeninseln 5, 64, 87, 106, 154, 188
Kräuter der 9

L

Lahania 158
Haus in 158–159
Laja, Maro 178
Lalanne, Claude 42
Lampen 171
antike 272
Öllampen 164, 183, 185, 229, 247
Votivlampen 186
Windlichter 272
Laternen, Sturm- 279
Laskaris, Familienwohnsitz 114–119
Licht, griechisches 15
Lindos 5, 52, 204, 230, 233, 238, 239, 264
Ferienhaus 238–241
Kapitänshaus 230–237
Sommerhaus 264–269
Löffelbehälter 272
Loggias 246, 248

M

Mäandermotiv 110
Märchenhaus 282–288
Makedonien 178

Makarios (Mönch) 192
Makris, Memos 253
Makris, Zizi 256
Manessi, Familienwohnsitz 94–101
Mangalis 104
Matta, Sebastian 43
Meltemi 5
Metsovo 88, 140
Haus in 88–93, 140–144
Minarett 173
Mittelmeer 7
Modedesigner, Haus eines 84–87
Modellschiffe und -boote 219
Monodendri 146
Haus in 146–153
Mosaik 173
Muscheln 219
Mykonos 5, 9, 84, 120, 184, 226
Haus auf 184–187
Mylona, Alex 254

N

Nauplion 24
Haus in 132–139
Neoklassizismus 24, 106–113
neoklassizistisches Haus 106–113
Nikiti 178

O

Ofen und Herd 100, 138, 156
Keramik- 168
Eisen- 183
Omonia Platz 17
Otto, König von Bayern, 24

P

Pantelidakis, Manolis 64, 67
Haus von 64–70
Paraskevi, die Heilige 60
Paros 9, 106
Patmos 220, 222, 246, 270, 276
Ferienhaus auf 246–251
Haus auf 220–225
Sommerhaus auf 276–281
Perivola, Familienwohnsitz 160–165
Pflanzen 55, 276
Phaitakis, Jannis 256, 257
Photiadis, Familienwohnsitz
Photiadis, Melpo 270
Photiadis, Michel 246, 270
Pikionis, Dimitri 38
Piräus 5
Porzellankrug und -schüssel 123
Porto Rafti 60, 252
Haus in 252–257
Primikyris, Nikos 154

Q

Querbehänge, indische 59

R

religiöse Darstellungen 159
Rhodos 52, 53, 158, 204, 238, 268, 282
Rodostamo, Matheos 78
Rosette, Decken- 104

S

Samios, Pavlos 60
Samos 59
Samowar 137
San Marko 114
Santorini 9
Skaramanga, Polimnias 82
Schaukelstuhl, Bugholz, 32, 272
Schränke 50, 104, 138, 219, 269
Schreibtische 100, 224
Sekretär, griechischer 222
Seriphos 9, 64, 154, 188, 190, 195, 196, 210, 216, 258
Sommerhäuser auf 196–203
Siphnos 210
Sitzreihen, niedrige 213, 261, 263, 279, 285
Skulpturen 253, 258
römische 45
Sofa 163, 205, 240, 279
Weiden- 256
Sofras 59
Sommaripas, François 154, 156
Sommaripas, Josette 154
Sommaripas, Haus der Eheleute 154–157
Spazierstöcke 81
Spiegel 100, 222
vergoldeter Rahmen 263
Spitzen 159
Spülbecken 113
Marmor- 214
Stein- 152
Stamos, Theodoros 256
Steg 99
Steinbüste 72
Stellwand, aus Holz 224
Stickereien 159
gesticktes Bild 287
Stoff, Wandschmuck 235
Strohhüte 209, 215
Stühle 256
antike 274
Bugholz- 108
Café- 156
Gußeisen- 94
hohe 116
Klapp- 145
Liege- 212
rustikale 248
Wohnzimmer- 230
Weiden- 128
Swimmingpool 243, 253, 254, 288

T

Tablett, Kupfer 142
Taubenhaus (umgebaut) 226–229
Taverna 17
Taxiarches-Kloster 190–194
Tellerbord 131, 138, 285, 287
Teppiche und Decken 92, 104, 140, 153, 164, 188, 222, 279, 284
Terrasse 127, 128, 154, 155, 167, 178, 197, 204, 221, 222, 243, 253, 254, 279, 283
überdachte 174, 175, 176
Terrassendach 259, 263, 265
Terrassenhaus 126–131
Thessaloniki 178
Tisch 206, 209
Bridge- 256
Café- 214
Refektoriums- 245
Schach- 32
türkischer 222
mit Wachstuch 138
Tischplatte, aus Marmor 239
Töpfe, Terrakotta- 96
Töpferwaren 215, 245
Tonkrug 116, 212
Treppenhaus 40, 69, 84, 100, 133, 148, 162, 175, 185, 260, 277
Trog, Metall- 73
Truhen
bemalte 150
Holz- 214, 248
Vorrats- 164, 235, 285, 287
Tseghis, Vassilis 258
Haus von 258–263
Türen 22, 29, 30, 43, 47, 67, 69, 99, 108, 114, 184, 185, 216, 222, 245, 249, 251, 258, 260, 274
Bogen- 160
Flügel- 248
französische 168
metallbeschlagene 175, 254
Türriegel 166

V

Veranda 60, 96, 118, 279
Vitrinen
volkstümliche 186
Mahagoni- 78
Vogelkäfig 174
Vorhänge 209, 299
Voridis, Doda 60
Voridis, Felix 60
Voridis, Familienwohnsitz 60–63
Vorratskammer 142, 186
Vorratsraum 148
Vorratsschrank 206
Vorzimmer 83, 85

W

Wachturm 178
Wäsche 170
Wandbehang 256
Wandverkleidung, aus Holz 150
Warhol, Andy 43
Werkzeug, Maurer- 282
Wohnzimmer 82, 272

Z

Zaphoriou, Jorgos 210
Haus von 210–215
Ziegelsteine, Terrakotta 250
Ziller, Ernst 24
Zisterne, steinerne 168

WOHNKULTUR UND LEBENSSTIL

Von Suzanne Slesin, Stafford Cliff und Daniel Rozensztroch. Fotos von Gilles de Chabaneix. 288 Seiten mit 764 meist ganzseitigen farbigen und 11 einfarbigen Abbildungen, Adressenverzeichnis japanischer Geschäfte, Leinen mit Schutzumschlag

Die japanische Lebensweise hat die Menschen aus westlichen Kulturräumen von jeher fasziniert. Dabei haben auch heute nur wenige Besucher aus Europa und den USA Gelegenheit, einen Blick in die ganz private Welt Japans zu werfen. Diesen Blick ermöglicht uns dieser Band mit fast 800 eindrucksvollen Fotos: Er zeigt eine Fülle von Häusern und Wohnungen unterschiedlichen Charakters – von modernen, nach Architektenplänen entstandenen Wohnhäusern bis hin zu den jahrhundertealten Bauernkaten und Gasthäusern, die den wechselvollen Einfluß von Tradition und Moderne sichtbar machen. So werden Interieurs vorgestellt, die erstaunlich westlich anmuten, wie auch solche, die durch die Klarheit der Zen-Philosophie geprägt sind. Jede Seite offenbart den ganzen Reichtum an Design- und Dekorationsideen dieser Inselnation, die Eleganz und Zurückhaltung zu einer hohen Kunst vereint.
Ein Buch, das voller Entdeckungen steckt, eine überzeugende Bestätigung der ungebrochenen Anziehungskraft Japans, und das deutlich macht, warum in den letzten Jahren japanische Wohnkultur in Europa immer mehr Einfluß auf Design und Innenarchitektur gewonnen hat.

Von Suzanne Slesin, Stafford Cliff und Daniel Rozensztroch. Fotos von Gilles de Chabaneix. Mit einem Vorwort von Paloma Picasso. 300 Seiten mit 725 meist ganzseitigen farbigen Abbildungen und einem ›Catálogo‹ der landestypischen Besonderheiten sowie einem Register, Leinen mit Schutzumschlag

In diesem Band lernen wir das private Spanien kennen, jenseits der bekannten Touristenattraktionen.
Mit einem einleitenden Text, der Tradition, Landessitten und Lebenswelt beschreibt, beginnt eine Reise, in deren Verlauf man spanischer Wohnkultur in ihren verschiedensten Formen begegnet: fürstlicher Pracht wie avantgardistischen Räumen, schattigen Innenhöfen, romantischen Erkern und mit Azulejos kunstvoll gekachelten Wänden. Ein Sevillaner Wohnhaus aus dem 18. Jahrhundert öffnet sich wie ein Herrensitz auf Ibiza aus dem 15. Jahrhundert, strahlend weiße Sommerhäuser auf Mallorca wie Pfahlhütten aus der Gegend von Sitges.
Die Stilvielfalt, in der sich maurischer, englischer und französischer Einfluß zeigt, entspricht der wechselvollen Geschichte des Landes und überrascht den Betrachter – hier äußert sich ein Lebensstil, der der Tradition verpflichtet wie für die Moderne aufgeschlossen ist.